广东省特殊教育第一批精品课程建设项目

"'融乐绘'特殊教育宣导课程"

（编号：2021tsjyjpkc28）

研究成果

"融乐绘"

特殊教育宣导课程构建

吴小文 等◎编著

暨南大学出版社

JINAN UNIVERSITY PRESS

中国·广州

图书在版编目（CIP）数据

"融乐绘"特殊教育宣导课程构建 / 吴小文等编著.

广州：暨南大学出版社，2025．1

ISBN 978-7-5668-4051-6

Ⅰ．G76

中国国家版本馆 CIP 数据核字第 2024QR4028 号

"融乐绘"特殊教育宣导课程构建
"RONG LE HUI" TESHU JIAOYU XUANDAO KECHENG GOUJIAN

编著者：吴小文　等

出 版 人：阳　翼
责任编辑：郑晓玲
责任校对：刘舜怡　黄子聪
责任印制：周一丹　郑玉婷

出版发行：暨南大学出版社（511434）
电　　话：总编室（8620）31105261
　　　　　营销部（8620）37331682　37331689
传　　真：（8620）31105289（办公室）　37331684（营销部）
网　　址：http://www.jnupress.com
排　　版：广州尚文数码科技有限公司
印　　刷：广州市友盛彩印有限公司
开　　本：787mm×1092mm　1/16
印　　张：15
字　　数：278 千
版　　次：2025 年 1 月第 1 版
印　　次：2025 年 1 月第 1 次
定　　价：69.80 元

序 一

广州南岸有大洲，周回五六十里，江水四环。海珠，一个珠水环绕、应水而生的宝岛。从唐代"江南洲"到"河南七十三村"，再到近现代正式建立行政区划：蒙圣、海幢、洪德，再到后来的河南、南区、海珠，变化的是名字，不变的是初心。基于公平，追求卓越，办家门口的优质学校，办人民满意的海珠教育，为每一个学习者提供适性教育，是每一位海珠教育人的共识与追求。

特殊教育，作为高质量基础教育体系的重要组成部分，不仅是教育公平的体现，更是社会文明进步的标志。它关乎每一个孩子的成长，关乎每一个家庭的幸福，关乎整个社会的和谐发展。海珠区特殊教育起步于20世纪80年代，率先建立普通学校特教班开展融合教育探索；2011年，率先设立区级专项特教经费、建立特教师资全员培训机制；2016年，率先实施学生学习能力评估按需安置学位机制；2021年以来，区内一批特教内涵建设项目获得省级立项……一系列实践让海珠特教综合实力迅速跻身全省前列。海珠区先后荣获"广东省随班就读示范区""广东省优质特殊教育资源中心"等称号，多次承办或参加全国性和各省、市的交流活动并分享经验，持续发挥示范、辐射作用，为全国特殊教育高质量发展作出积极努力。

海珠区特殊教育的飞速发展，有吴小文老师的一份功劳。认识吴小文老师是在十年前，当时她还是一所普通中学的兼职资源教师，入职不久的她负责管理学校的资源教室。看着她认真投入的模样，我看到了特殊教育的新生力量，于是便引荐她进入海珠区特殊教育中心教研组参加系统学习。从此，她一心向"特"，心心向"融"。

两年后，吴小文老师正式转任海珠区特殊教育专职教研员。她引领本区特殊教育骨干组建区级特殊教育宣导团，开发宣导课件，开展融合教育主题绘本宣导实践，一步一个脚印，为融合教育氛围的营造打下了坚实的基础。然而，随着宣导工作的深入推进,她认识到,无规划、碎片化、零散式的宣导方式,难以满足学校和特殊需要儿童的实际需求。彼时,广东省刚刚启动首批特殊教育精品课程建设,吴小文老师决心抓住特教发展机遇,带领团队打造一套系统、全面、可持续的特殊教育宣导课程,以实现特殊教育的优质融合普惠发展。

在华南师范大学李闻戈教授和华东师范大学邓猛教授的悉心指导下,由广州市海珠区教育发展研究院牵头,广州市海珠区启能学校、广州市海珠区聚德西路小学、广州市海珠区宝玉直实验星悦小学(原名广州市海珠区工业大道中小学)、广州市海珠区梅园西路小学、广州市海珠区滨江东路小学、广州市海珠区新港中路小学、广州市海珠区宝玉直实验小学、广州市海珠区东风小学、广州市海珠区知信小学、广州市海珠区逸景第一小学、广州市第九十七中学的骨干力量迅速汇聚为一支特教宣导课程研发团队,团队成员囊括了教研员、特殊教育学校骨干和普通中小学校长、教师。从研发、实施至推广,每一个阶段,团队成员都反复实践,不断打磨,多次深入学校一线展示课例,终于取得显著成效,《"融乐绘"特殊教育宣导课程构建》结集出版了!这套课程以生态系统论和建构主义为理论基础,来自一线,也服务一线,主要是面向普通学校的教师、学生、家长等核心群体进行宣导,提升他们对特殊需要儿童的接纳程度,引导他们感受、认可融合教育,进而配合、支持或自觉践行融合教育。这是广州市海珠区教育发展研究院与区内中小学联合深研的智慧结晶,更是海珠特教人对推动特殊教育优质融合普惠发展这一使命的深刻回应。

特教宣导团队在专业领域持续深耕的敬业精神令人钦佩,他们的无私奉献为特殊教育发展注入了强大动力。我们希望师生家长通过这套课程,能更加深入理解、接纳和支持特殊需要儿童。我们也期待特殊教育同行多提宝贵意见,让我们的团队进一步完善课程,通过持续不断的特教宣导,共同营造包容、和谐、有爱的融合教育生态,为孩子健康成长保驾护航!

周淑仪

2024 年 11 月 30 日

(周淑仪,广州市海珠区教育局四级调研员)

序　二

在这个充满变革的时代，教育的内涵和外延都在不断地扩展和深化。在全面推进融合教育的时代背景下，广州市海珠区是融合教育发展的一片沃土，多年来扎实推进特殊教育宣导工作。2007 年，我受海珠区特殊教育教研员吴小文老师的邀请进行专题讲座，从此与广州海珠结下不解之缘。2021 年，当吴老师邀请我担任她正在申报的广东省特殊教育第一批精品课程"'融乐绘'特殊教育宣导课程"的指导专家时，我欣然应允。三年来，我有幸参与并见证了整个课程的诞生和发展，《"融乐绘"特殊教育宣导课程构建》这本书的正式出版对区域融合教育的推进具有里程碑意义。

特殊教育，作为教育体系中的重要组成部分，一直受到党和国家的高度重视。党的二十大提出"强化特殊教育普惠发展"，强调尊重和保障每一个孩子受教育的权利，尤其是那些在生理、心理或学习上存在特殊需求的孩子。我认为，特殊教育从来没有离开过普通教育，特殊教育是普通教育不可回避的问题，应让特殊教育成为普通教育变革的重要推手。"'融乐绘'特殊教育宣导课程"正是基于这样的理念，旨在通过宣导，促进特殊需要儿童与普通儿童的融合，实现教育的平等与包容。

在理论基础上，本课程采用了生态系统论和建构主义作为支撑。生态系统论强调个体与其所处社会环境之间的相互作用，认为教育不仅仅是个体学习的过程，更是个体与其所处社会环境相互作用的结果。建构主义则认为知识是通过个体在社会文化背景下的主动建构而形成的。这两种理论为我们提供了一个比较全面的视角来理解和设计特殊教育宣导课程。

"'融乐绘'特殊教育宣导课程"的建设过程，是一个系统工程，涉及团队组建、课程研发、课程实施和课程推广等多个阶段。这一过程充分体现了教育的系统性和动态性，也展现了教育实践的复杂性和挑战性。通过这一过程，整个团队不仅研发出了一套完整的课程资源，更重要的是，吸引和培养了一批能够理解和实施特殊教育宣导的专业人才。

课程的实施，是一个不断探索和完善的过程。团队通过实践，不断地调整和优化课程内容，以适应不同学校和学生的需要。这种实践性的探索，不仅丰富了特殊教育的理论，也为特殊教育的实践提供了宝贵的经验。在推广阶段，团队通过微课、微信公众号等多种形式，将课程资源广泛传播，使得更多的教育工作者和家长能够接触到这一课程，从而推动特殊教育的发展。这种推广方式，不仅提高了课程的影响力，也为特殊教育的普及和深入提供了可能。

在此，我衷心希望《"融乐绘"特殊教育宣导课程构建》能够成为连接特殊需要儿童与社会的桥梁，成为推动教育公平和包容的重要力量。我期待每一位教育工作者、学生和家长都能通过这一课程，更加深刻地理解特殊教育对于社会的重要意义，共同为构建一个更加公平、包容的教育生态而努力。让我们携手同行，在特殊教育的道路上不断前行，为每一个孩子的成长提供支持，为构建一个更加美好的社会贡献我们的智慧和力量。

2024 年 11 月 30 日

（邓猛，华东师范大学教育学部特聘教授、特殊教育学系教授，博士生导师，融合教育研究院院长，教育部特聘教授）

前　言

当"融"不让，一起"乐""绘"未来

在教育的广阔天地里，每一颗种子都值得被细心呵护，每一次成长都值得被深情期待。我们始终坚信，每个孩子都是独一无二的，他们带着各自的潜能与梦想，在成长的道路上努力前行。

随着社会的不断进步和教育理念的持续更新，融合教育已经成为推动教育公平与质量提升的重要力量。我们深知，融合教育不仅要帮助特殊需要儿童融入普通教育体系，更要创造一个包容、尊重、平等的学习环境，让每一个孩子都能在这里找到属于自己的位置，享受到学习的快乐与成就。作为广州市海珠区特殊教育教研员，我深感肩上的责任重大，也满怀对特殊教育事业的热爱与执着。《"融乐绘"特殊教育宣导课程构建》这本书，正是在这样的背景下应运而生。

2016年，我组建区级特殊教育宣导团，带领团队成功研发出5套宣导材料，自2017年2月起在区内50余所学校实践，累计举办近80场活动，惠及超过2 000名宣导对象，满意度高达94.04%，入校宣导认可度更是高达98.24%；每学期面向特殊需要学生的家长开展周末大讲堂；为了提升普通学生对特殊需要学生的情感接纳，连续三个学期在普通小学开展融合教育主题绘本宣导实践活动。没想到五年之后，扎实的前期研究与实践，让我于2021年成功立项广东省特殊教育第一批精品课程"'融乐绘'特殊教育宣导课程"（项目编号：2021tsjyjpkc28）。此后三年，我作为课程负责人，在原先研发资源与开展活动的基础上，带领团队及区内多所学校系统研发与实施课程及配套资源，并向区外相关学校与省市区级资源中心进行推广。近八年的研究与实践主要解决三个问题：普通小学对特殊教育宣导的作用认知不足；普通小学不知如何系统开展特殊教育宣导；普通小学缺乏开展特殊教育宣导的相关资源。我们汇聚了来自广州市海珠区多所学校的优秀教师力量，他们凭借丰富的教育经验和深厚的

专业素养，精心设计了这一套面向教师、家长和学生的宣导课程。从智力障碍、孤独症到情绪与行为障碍，从学习困难到多元生命的教育支持，我们力求展现特殊教育"面面观"，为教育工作者提供较为全面、实用的指导，为家长们搭建理解与支持的桥梁，为孩子们营造一个更加温馨、包容的成长空间。

本书是"融乐绘"研究的重要成果。"融乐绘"以生态系统论与建构主义为理论基础，旨在构建一个有爱无碍的融合教育生态，让教师、家长及学生共融共生，成为推动特殊教育融合发展的核心力量。"融乐绘"分为融课程、乐课程、绘课程三大模块，每模块设计三级目标，总计36课时，灵活适配不同学习需求。融课程以微讲座形式，面向全体教师普及特殊教育知识技能；乐课程与绘课程则细分年段，为家长与学生设计多种互动体验活动，深化他们的理解与接纳。课程资源丰富，包括课程方案、活动设计及手册、课件、微课等，确保了零基础也能轻松上手，可通过线上线下享受一站式学习体验。本书主要收录了"融乐绘"的课程方案与活动设计，配套的活动手册、课件、微课等资源将通过微信公众号定期更新内容进行分享。

考虑到宣导讲师可能是特殊学校教师、普通学校教师，也可能是家长，他们对于特殊教育的理解与经验不同，本课程方案专门提供了三级支持方式，以满足不同认知水平宣导讲师的需求。对于零基础的宣导讲师，其任务为"课程实施"，即播放宣导微课，引导宣导对象使用活动手册进行学习；对于有一定经验的宣导讲师，其任务提升为"课程演绎"，他们需要抛开微课，使用课程配套的活动设计、课件、讲话稿及其他相关资源进行宣导，并指导宣导对象使用活动手册；对于有丰富经验的宣导讲师，他们已经接触特殊教育较长时间，形成了自己对特殊教育的认识与理解，其任务再提升为"课程创生"，课例为其提供了思路，他们可以根据实际需求创造性地使用课程资源，同时支持宣导对象创造性地使用活动手册。"融乐绘"三级支持范式，能使宣导讲师和宣导对象最大限度地获得课程教学良好体验与效果。

本书得以顺利成稿，有赖于广东省教育厅、广东省教育研究院、广州市教育局、广州市教育研究院的大力支持和平台搭建，有赖于华东师范大学邓猛教授和华南师范大学李闻戈教授的专业引领和悉心指导，更有赖于课程研发团队全体成员——何卫常校长、钟春玲校长、黄玉燕主任、薛伟文主任、朱江老师、胡燕玲老师、陈丽敏老师、陈晓璇老师、林丽怡老师、区丽华老师、任振安老师、吴园华老师、罗绍先老师和本书配图绘制者刘中蕾老师、陈冬梅老师的辛勤付出和倾情奉献，以及广州市海珠区宝玉直实验小学、广州市海珠区宝玉直实验星悦小学、广州市海珠区聚德西路小学、广州市海珠区新港中路小学、广州市海珠区滨江东路小学、广州市海珠区逸景第一小学、广州市海珠区知信小学、广州市海珠区东风小学八所实验学校的大力支持与积极配合，特此鸣谢！尤其感谢我所在单位——广州市海珠区教育发展研究院的陈兆兴院长、林拱标书记、周燕珊部长、赖卓华老师、尹海珍老师等领导和同事的帮助与鼓励，让我能够带领团队按计划潜心研发和积极实施课程，使得本书如期出版。

　　融合，人人有责。融合教育的全面推进，需要全社会的共同努力。《"十四五"特殊教育发展提升行动计划》提出"在全社会营造关心支持特殊教育改革发展的良好氛围"，"让残疾儿童青少年和普通儿童青少年在融合环境中相互理解尊重、共同成长进步"。《特殊教育办学质量评价指南》要求学校在组织管理方面深入推进融合教育，"优化无障碍校园人文环境，培育尊重生命、包容接纳、平等友爱、互帮互助的文化氛围，消除对特殊需要学生的歧视和偏见，把生命多样化观念、融合发展理念，办成学校鲜明的特色"，同时"广泛宣传办好特殊教育的重要意义"，"引导广大师生、家长和社会充分认识特殊教育对促进特殊儿童成长成才和终身发展的重要作用"。

　　愿"融乐绘"能够成为广大教师、家长和学生了解融合教育、参与融合教育的重要工具，为推动海珠区乃至全国特殊教育事业的发展贡献一份力量。同时，我也期待在未来的日子里，每一个孩子、每一位家长、每一位教师都能成为融合教育文化的受益者、推动者和创造者！

吴小文
2024 年 11 月 11 日

目 录
CONTENTS

基础篇

应用篇

▶ 面向教师的微讲座宣导活动：融课程

▶ 面向家长的微讲坛宣导活动：乐课程

▶ 面向学生的融合主题绘本宣导活动：绘课程

基础篇

"融乐绘"特殊教育宣导课程方案

广州市海珠区教育发展研究院　吴小文

一 课程性质

"融乐绘"特殊教育宣导课程（以下简称"本课程"）是普通教育学校小学阶段的一门特色课程，由广州市海珠区教育发展研究院领衔，带领广州市海珠区宝玉直实验星悦小学、广州市海珠区聚德西路小学、广州市海珠区宝玉直实验小学、广州市海珠区逸景第一小学、广州市海珠区新港中路小学、广州市海珠区知信小学、广州市海珠区东风小学、广州市海珠区滨江东路小学、广州市第九十七中学、广州市海珠区梅园西路小学、广州市海珠区启能学校联合开发。

二 课程特点

（一）普惠性

普惠性指普遍、惠及。本课程为普通教育学校小学阶段的所有学生、家长和教师提供有针对性的特殊教育科普知识和实操技能，并确保所有学生、家长和教师都能从中受益，而不是仅仅满足少数学生、家长和教师的需要。

（二）活动性

活动性指在做中学。本课程以微讲座、微讲坛、融合主题绘本宣导活动为实施路径，强调以学生为中心，让学生主动参与、主动思考、主动实践，并通过参与、思考和实践积极主动地构建自己对特殊教育的总体认知。

（三）整体性

整体性指学生、家长和教师三位一体，共同推进。本课程从系统观出发思考普通教育学校的特殊教育宣导工作，将宣导对象由学生扩大到学生、家长和教师，并帮助学生、家长和教师将对特殊教育"碎片化"的刻板认知过渡到对其"整体性"的理性把握。

三 适用对象

本课程分为融课程、乐课程、绘课程三部分。融课程适用于普通教育学校小学阶段的教师。乐课程适用于普通教育学校小学阶段的学生家长，包括普通学生的家长及特殊需要学生的家长。绘课程适用于普通教育学校小学阶段的学生，包括普通学生及特殊需要学生。其中，学生按照年级划分，一、二年级为低年段学生，三、四年级为中年段学生，五、六年级为高年段学生。

四 课程基本理念

（1）面向全体，尊重个别差异。
（2）构建"共生共建共创共赢"的融合教育校园文化。
（3）倡导参与体验、交往互动、共同发展的学习方式。

五 课程设计思考

根据生态系统论，身处普通教育学校的特殊需要学生面临一系列互相影响的环境系统，这些系统的核心群体是认识或不认识的同学、自己班或其他班的教师、自己或同学的家长。这些系统和核心群体会与特殊需要学生互动、产生联系并影响特殊需要学生在普通教育学校的融合发展。

本课程分为面向教师、推进中观系统宣导的融课程，面向家长、服务宏观系统宣导的乐课程，面向学生、着力微观系统宣导的绘课程。融课程不分年段实施。乐课程分低中高年段实施，每个年段开展2次宣导课程活动，以家长最关心的融合教育问题作为主要学习内容。绘课程分低中高年段实施，每个年段开展6次宣导活动，以目前普通教育学校较为常见的特殊需要学生（如智力障碍学生、孤独症学生）的身心特点、行为表现和融合策略作为主要学习内容。

六 课程目标与内容

（一）课程目标

总目标：以普通教育学校为主阵地，面向普通教育学校的教师、学生、家长等核心群体，按照规定的学习课时、进程和内容进行融合教育的理念和做法的宣传引导，旨在让普通教育学校的核心群体了解不同特殊需要学生的身心特点及教育需求，提升他们对特殊需要学生的接纳程度，感受、认可融合教育，进而配合、支持或自觉践行融合教育，最终使特殊需要学生和核心群体共同成为校园融合教育文化的创造者、推动者和受益者。

1. 融课程的课程目标

普通教育学校行政人员和教师正确把握特殊需要学生的身心特点，关注个体差异，进而初步具备"因人施教""分层教学"的融合理念；核心目标为提升普通教育学校行政人员和教师的融合教育素养。

2. 乐课程的课程目标

围绕融合教育的主题，家长畅所欲言，形成对融合教育多角度的科学认识，理解特殊需要学生的家长，并能正面积极引导自己的孩子接纳特殊需要学生；核心目标为引导家长理解孩子的个性，缓解家长的教育焦虑，提升智慧快乐育儿的水平。

3. 绘课程的课程目标

以融合教育主题的绘本为载体，普通学生通过绘本阅读、小组合作、角色扮演等多种体验式学习，在认知、情感和行为方面提升对特殊需要学生的接纳程度；核心目标为创设教育情境，引导学生理解和尊重不同样态的生命，并用自己充足的能量帮助身边的伙伴进步。

课程目标

板块	一级目标	二级目标	三级目标	课时
融课程	核心目标为提升普通教育学校行政人员和教师的融合教育素养	了解融合教育	了解融合教育的理念	1
		认识各类特殊需要学生及其特点	认识智力障碍学生的身心特点	1
			认识孤独症学生的身心特点	1
			认识情绪与行为障碍学生的身心特点	1
			认识学习障碍学生的身心特点	1
			认识其他类型特殊需要学生的身心特点	1
		掌握融合教育的资源及策略	掌握班级融合氛围的构建方法	1
			掌握融合课堂教学方法	1
			掌握学校融合支持体系的构建方法	1
			掌握与特殊需要学生的家长沟通的方法	1
			了解资源教师的职责和资源教室的功能	1
			初步掌握个别化教育计划的制订方法	1

（续上表）

板块	一级目标	二级目标	三级目标	课时
乐课程	核心目标为引导家长理解孩子的个性，缓解家长的教育焦虑，提升智慧快乐育儿的水平	了解融合教育	了解融合教育的理念	1
			了解融合教育的意义	1
		认识融合教育对象	认识各类特殊需要儿童及其特点	1
		掌握融合教育的支持策略	掌握低年段融合策略——同伴支持	1
			掌握中年段融合策略——个别化训练	1
			掌握高年段融合策略——青春期教育	1
绘课程	核心目标为创设教育情境，引导学生理解和尊重不同样态的生命，并用自己充足的能量帮助身边的伙伴进步	认识与了解特殊需要朋友	认识与了解智力障碍朋友及其特点	2
			认识与了解孤独症朋友及其特点	2
			认识与了解其他障碍类型（如情绪与行为障碍、听力障碍）朋友及其特点	2
		学会接纳特殊需要朋友，并尝试与其交往	接纳智力障碍、孤独症朋友，了解其特点	2
			接纳其他障碍类型朋友（如妥瑞氏综合征、面容有胎记）并能与其交往	2
			为促进与特殊需要朋友的交往贡献智慧	2
		掌握关爱和支持特殊需要朋友的方法，欣赏多元生命	关爱孤独症朋友并掌握支持策略	2
			关爱其他障碍类型（如学习障碍、语言障碍）朋友并掌握支持方法	2
			尊重多元生命，学会欣赏与关怀	2

（二）课程内容

本课程共36课，其中融课程12课、乐课程6课、绘课程18课。

融课程的内容主要聚焦普通教育学校行政人员和教师对于融合教育理念的理解、常见特殊需要学生及其身心特点的认识、融合教育在班级管理与教学中的应用、学校融合支持体系与资源的掌握、家校沟通方法的习得等。

乐课程的内容主要聚焦普通学生的家长对于融合教育理念及其意义的理解、各类特殊需要学生及其身心特点的认识、主要融合教育策略的了解等。

绘课程的内容主要聚焦普通学生对于常见特殊需要学生（如智力障碍学生、孤独症学生）及其身心特点的认识与了解，助其在认识与了解的基础上接纳特殊需要学生，并掌握与特殊需要学生交往的技巧，在交往的过程中关爱他们，展现自己对多元生命的尊重与欣赏。

课程内容

板块	课程内容	对应三级目标
融课程	第 1 课　读懂融合教育	了解融合教育的理念
	第 2 课　智力障碍知多少	认识智力障碍学生的身心特点
	第 3 课　我们的孤独症学生	认识孤独症学生的身心特点
	第 4 课　走进情绪与行为障碍学生的世界	认识情绪与行为障碍学生的身心特点
	第 5 课　学习困难，不是他的错	认识学习障碍学生的身心特点
	第 6 课　多元生命，多彩世界	认识其他类型特殊需要学生的身心特点
	第 7 课　让融合教育在班里流行起来	掌握班级融合氛围的构建方法
	第 8 课　融合教育课堂常用教学法	掌握融合课堂教学方法
	第 9 课　学校融合支持体系的自建构	掌握学校融合支持体系的构建方法
	第 10 课　沟通，让家校融合升温	掌握与特殊需要学生的家长沟通的方法
	第 11 课　资源教师与资源教室	了解资源教师的职责和资源教室的功能
	第 12 课　个别化教育计划	初步掌握个别化教育计划的制订方法
乐课程	第 1 课　融合教育是什么	了解融合教育的理念
	第 2 课　融合教育对孩子的成长有什么意义	了解融合教育的意义
	第 3 课　特殊需要儿童常见类型	认识各类特殊需要儿童及其特点
	第 4 课　融合教育中的同伴支持策略	掌握低年段融合策略——同伴支持
	第 5 课　我应该如何对待孩子的差异性	掌握中年段融合策略——个别化训练
	第 6 课　走进性教育天地	掌握高年段融合策略——青春期教育
绘课程	第 1 课　你是我的光	认识与了解智力障碍朋友及其特点
	第 2 课　我的特别爱好	认识与了解孤独症朋友及其特点
	第 3 课　神奇的四句话	认识与了解其他障碍类型（情绪与行为障碍）朋友及其特点
	第 4 课　按节奏成长	认识与了解智力障碍朋友及其特点
	第 5 课　我的好朋友	认识与了解孤独症朋友及其特点
	第 6 课　伸出手，传递爱	认识与了解其他障碍类型（听力障碍）朋友及其特点
	第 7 课　特别的朋友	接纳智力障碍朋友，了解其特点
	第 8 课　互相尊重，和谐相处	接纳孤独症朋友，了解其特点
	第 9 课　我们都一样	接纳其他障碍类型朋友（妥瑞氏综合征）并能与其交往
	第 10 课　学会表达爱	为促进与特殊需要朋友的交往贡献智慧

（续上表）

板块	课程内容	对应三级目标
绘课程	第11课　做最棒的自己	接纳其他障碍类型朋友（面容有胎记）并能与其交往
	第12课　尊重差异，善待他人	为促进与特殊需要朋友的交往贡献智慧
	第13课　爱是沟通的钥匙	关爱孤独症朋友并掌握支持策略
	第14课　我的学习妙招	关爱其他障碍类型（学习障碍）朋友并掌握支持方法
	第15课　让生命之花尽情绽放	尊重多元生命，学会欣赏与关怀
	第16课　爱上全部的自己	关爱孤独症朋友并掌握支持策略
	第17课　用心倾听	关爱其他障碍类型（语言障碍）朋友并掌握支持方法
	第18课　砥砺前行，不负韶华	尊重多元生命，学会欣赏与关怀

七　课程实施建议

（一）教学建议

（1）营造轻松的学习氛围，引导学生平等对话、互动共享，开展合作、探究学习。

（2）强调教师、家长、学生三位一体，共同推进课程的实施。

（3）重视学习手册在活动前、活动中、活动后的充分运用。

对于面向教师的融课程，不分年段实施。学校可根据实际情况及教师对特殊教育的认知水平及其技能水平，利用业务学习时间组织集体学习或分科组、年级组学习。由学校主管或负责特殊教育的行政人员（如校长、副校长、教导主任、资源教师等）担任讲师，使用本课程配套的课件和讲稿开展教学，争取在1~2个学期内带领全体教师完成所有学习内容。

对于面向家长的乐课程，分年段实施。低年段选用第1—2课，中年段选用第3—4课，高年段选用第5—6课。可以学校或班级为单位组织与开展课程教学。前者由学校主管或负责特殊教育的行政人员担任讲师，组织相关年段学生的家长按照统一时间进行集体学习；后者由班主任担任讲师，使用本课程配套的课件和讲稿，组织本班的家长进行相关内容的学习。

对于面向学生的绘课程，分年段实施。低年段选用第1—6课，中年段选用第7—12课，高年段选用第13—18课。

本课程配套了36节微课与相对应的活动手册（宣导对象用书），支持教师、家长、学生进行线上自主学习。

课程实施内容

		融课程实施内容	乐课程实施内容	绘课程实施内容
组织方式		不分年段	分年段	分年段
年段安排	低年段（一、二年级）	第1—12课	第1—2课	第1—6课
	中年段（三、四年级）		第3—4课	第7—12课
	高年段（五、六年级）		第5—6课	第13—18课
实施频率		1~2个学期完成	一学年一次	一学年三次

（二）评价建议

（1）关注评价主体的多元性。

（2）以对学生的表现性评价为主。

（3）充分解释和应用评价结果。

注重增值性评估、过程性评估及多元评估。经过6~18个课时的活动体验之后，通过教师执教的融合教育课例来评估其对融课程的掌握程度，通过访谈来评估家长对乐课程的了解情况，通过问卷调查及作品展示、行为表现来评估学生对绘课程的学习情况。

（三）教材编写建议

（1）思想性和科学性统一。落实立德树人要求，宣导讲师在向宣导对象传授科学的知识和技能的同时，要帮助他们树立正确的残障观，从认知、情感和行动上接纳特殊需要学生。

（2）理论性和实践性统一。宣讲导师应充分关注并利用宣导对象的先备经验，引导他们关注特殊需要学生所处的物理环境及其心理环境，利用自身的聪明才智让其成长环境更包容、更友好、更无碍。

（3）精准性与拓展性统一。宣导讲师在引导宣导对象精确识别特殊需要学生具体需求的同时，应不断拓展教育资源和方法，以个别化教育开展差异教学，促进特殊需要学生全面发展和融入社会。

（四）课程资源开发与利用建议

（1）注重教师队伍建设，兼顾学生帮扶"小天使"和家长志愿者队伍建设。

（2）开发并灵活利用配套的活动手册、微课资源等。

应用篇

面向教师的微讲座宣导活动：

融课程

第①课 读懂融合教育

设计者：林丽怡（广州市海珠区宝玉直实验小学）

指导者：吴小文（广州市海珠区教育发展研究院）

▶ 活动目标

（1）提高普校教师对融合教育理念、政策、意义的认识。

（2）提升普校教师对融合教育的接纳程度。

▶ 活动准备

活动设计、活动讲稿、活动课件、活动手册。

▶ 活动过程

板块一 认识融合教育

一、互动环节

（1）提问：您在平常的工作中遇到过行为表现异常的学生吗？您是怎么看待这些学生的？

（2）总结：这些有特殊需求的学生只要能及时得到支持和引导，是可以发展得很好的，所以我们有了针对这些学生的特殊教育。

二、案例分享

案例：中国的唐氏综合征宝宝成了"网络红人"

（1）提问：是什么让这个孩子在短短半年时间内发生了如此巨大的变化？

（2）总结：融合教育的环境以及孩子生活成长的环境，促成了这一变化。

三、融合教育的定义

融合教育是指将特殊需要儿童和普通儿童放在同一环境中，让他们一同学习、一同成长。它强调给特殊需要儿童提供正常的教育环境，而非隔离的环境；在普通教育环境中提供特殊教育和相关服务措施，将特殊教育和普通教育合并成一个系统。

板块二 了解融合教育的演进

一、融合教育的演进

（1）融合教育的演进过程：①正常化（Normalization）；②回归主流（Mainstreaming）、一体化（Integration）；③全纳教育（融合教育）。

（2）小测试。

关于特殊教育融合发展进程，表述正确的是（　　　）

A. 正常化—回归主流、一体化—全纳教育

B. 回归主流—正常化、一体化—全纳教育

C. 全纳教育—回归主流、一体化—正常化

D. 正常化—全纳教育—回归主流、一体化

二、融合教育的理念

平等、参与、共享。

板块三 为什么要实施融合教育

一、话题导入

提问：大家认为我们为什么要实施融合教育？

二、学习我国特殊教育相关政策

（1）出示相关资料。

（2）观看《"十四五"特殊教育发展提升行动计划》新闻报道视频。

三、总结

（1）融合教育体现了所有儿童的受教育机会均等，强调每个儿童都应在主流教育体系中接受教育。我们普校老师主要接触的是随班就读的特殊需要

学生，那么为什么要让这些学生随班就读呢？其实这是世界特殊教育界的发展趋势，我们必须做到"零拒绝"——任何人都没有权力将特殊需要学生拒之门外。

（2）融合教育打造了"双赢"教育模式。

板块四 如何实施融合教育

一、互动环节

引言

请分享一下自己实施融合教育的经验。

二、实施融合教育的途径

可通过以下方面营造多元化融合教育环境：

（1）理解和深化融合教育理念。

（2）完善融合教育资源配置。

（3）观看融合教育案例视频。

三、针对随班就读特殊需要学生的教育方法

（1）活动："明明白白你的心"。

（2）个别化教育（Individualized Education Program，简称 IEP）。

结语

老师们，我们每个人都有爱心，但能长期坚持付出，令所爱的人得到成长，就不是那么容易了。心理学家把这样的爱称为有能力的爱，哲学家称它为美德，文学家则称赞它是人性的光辉。爱是融合教育中最重要的人文环境因素，让我们一同用爱浇灌融合教育之花！

参考文献

［1］邓猛．融合教育理论指南．北京：北京大学出版社，2017.

［2］池相会．融合教育浅析．当代教育实践与教学研究，2015（8）.

［3］陈群芳．如何实施融合教育．西部素质教育，2018（3）.

第②课　智力障碍知多少

设计者：胡燕玲（广州市海珠区滨江东路小学）

指导者：吴小文（广州市海珠区教育发展研究院）

▶ 活动目标

（1）了解并掌握智力障碍儿童的定义及特点。

（2）了解并掌握智力障碍儿童的干预方法和教育策略。

▶ 活动准备

活动设计、活动讲稿、活动课件、活动手册。

▶ 活动过程

板块一　了解概念，明晰特点

一、基本概念

（1）观看视频。

引言

提及智力障碍儿童，有的人会认为他们就是精神有问题。其实他们是中枢神经系统出现了异常。那到底什么是智力障碍呢？我们先来看一个例子。

【PPT展示智力障碍儿童日常片段】

（2）交流认识。

提问：可以说一说这个案例给你的感受吗？在你的印象中，智力障碍有哪些基本特点？

教师们结合自己的理解进行分享。

（3）总结：结合教师们的发言概括智力障碍的概念。

智力障碍指智力低于平均智力水平，在概念理解、社交与生活三方面的能力较弱。主要体现在基本概念（形状、大小、长短、颜色、分类、配对等）理解和社交（语言、礼节、规则等）受限。

对于智力障碍的判定有很多量表，其中官方用得最多的是韦氏儿童智力量表（WISC-Ⅳ）。

在普校里，一般 IQ 分值低于 70 分就是有智力障碍。具体划分标准如下所示：

以 IQ 划分智力障碍程度

类别	IQ 分值
轻度智力障碍	55～70
中度智力障碍	40～55
重度智力障碍	25～40
极重度智力障碍	25 以下

注：本表据《特殊教育辞典》制作。

为什么会有智力障碍婴儿出生呢？原因非常复杂，且将近一半原因不明。遗传方式是最可避免、最易咨询的。首先是家族遗传，40% 有家族遗传倾向。20% 的孤独症患者家族可找到有智力障碍、语言发展迟缓和类似孤独症的其他类型障碍患者。其次是染色体变异。

大部分智力障碍儿童会有特殊的面貌特征，且伴有行为问题。

二、基本特点

智力障碍儿童的基本特点是动作、语言、视力、情绪等出现障碍。人的心理发展规律是从低级到高级、从简单到复杂，他们由于中枢神经系统受损，个人发展起步迟、速度慢、水平低，在认知及个性上与普通人有明显差距。

板块二 及早干预，专业支持

一、干预策略

（1）观看视频。

视频内容为智力障碍儿童在班级上出现的一些行为问题。

（2）归类讲解。

为了方便教师们归类学习，我们主要从以下三方面来讲解[①]：

身体方面

问题	干预策略
身体发育迟缓、体质不佳	注意营养补充；设计团体游戏；实施感觉统合训练；鼓励参与体能活动
动作发展：粗大动作缓慢、精细动作差	实施知觉动作训练；实施感觉统合训练；追视文字

学习能力的认知方面

问题	干预策略	强化认知的干预策略
认知发展缓慢	强化基本概念学习（基本功）；实物教学（没有实物则用替代品）；运用视听教具；多感官学习	探究学习起点，提供合适教材；编序教学，循序渐进，由浅入深、由近而远、由简而繁、由具体到抽象

在课堂上的注意力方面

问题	干预策略
注意力不能持久	缩短练习时间
注意力不集中，极易分心，眼神散漫	增加练习次数
感知速度慢	分段练习

可通过以下游戏训练学生增强注意力：迷宫、寻宝、猜猜看、辨识、手电筒写字等。

---

① 主要参考 2018 年 7 月 4 日由广东省教育厅组织、吴永怡主讲的"智能障碍行为问题及介入策略"讲座。

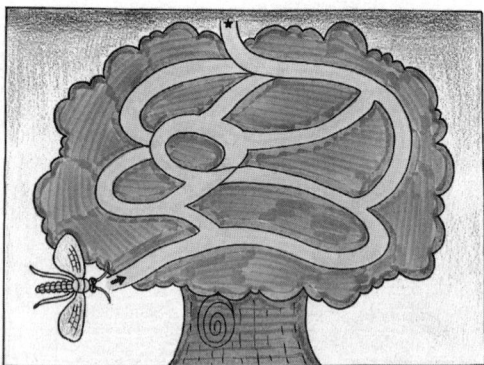

增强注意力游戏——迷宫

（3）个别化教育计划。

除了掌握以上基本策略，我们还可以有针对性地给智力障碍儿童制订个别化教育计划。怎样制订个别化教育计划呢？在我们的宣导活动中，有一个专题是专门针对这个知识点的，下面我们只简单了解其基本要素。

①构成：学生基本情况；分析现有能力水平；长期教育目标和短期教育目标；所需特殊教育服务；评价。

②制订个别化教育计划的步骤：进行教育诊断；制定长期目标；制定短期目标。

③个别化教育计划的实施和评价：个别化教育计划的实施；个别化教育计划的评价。

二、其他融合策略

在与智力障碍儿童相处的过程中，我们还可以适时加入其他融合策略：

（1）通过班级宣导活动，引导学生认识智力障碍儿童，如其外貌、动作、语言和学习能力；观看电影《舟舟》。

（2）发动同伴支持策略：动作协助；结对子。

（3）在课堂上给予智力障碍儿童课程教学指导。

我们应了解智力障碍儿童以下特点：①潜在障碍：身体的感知觉障碍、身体四肢大小肌肉问题，动作平衡性、协调性与敏捷性问题。②特殊需求。③年龄。④认知发展。⑤语言与沟通障碍。⑥学习特征：学习兴趣与动机薄弱、注意力分散、失败预期较高、不善于组织学习材料、短期记忆力缺陷、学习迁移困难、语言掌握迟缓。⑦过往学业水平。⑧人格特征：喜欢表扬、奖励，遇到困难容易依赖别人，不能预知危险，不善于表达、处理挫折，固执、应变能力差，求胜动机弱，容易焦虑，常有异常情绪与行为。

我们只有做好前期的了解工作，才能根据学生的实际情况制定教学目标。

板块三　案例分享，引发思考

一、案例分享

1. 基本情况

黄某某，出生过程出现异常，后被诊断为"智力低下"，并开始接受感觉统合训练。家庭环境好，家人很疼爱他。相对乖巧，有礼貌。

2. 现状分析

该生语言表达不清晰，流口水现象严重；手脚不灵活，因手部有障碍无法正常书写。随着特教助理进入课堂，该生日渐理解学校常规，有恰当的行为表现，纪律良好，但学习无法跟上其他同学。

二、策略分享

1. 细心观察，融入课堂

在实际中，我们只要细心观察，就能发现学生行为异常的原因，再采取适当的方法，解决其在课堂上遇到的一些小问题。我们可以适当辅助该生，并给予良性语言刺激，针对其实际情况，制定适合他的学习单，如设计较大的田字格，使他的书写渐渐进步。

2. 发展个性，树立信心

我们可以根据学生的兴趣爱好，从其擅长的能力着手进行培养。该生的乐感很好，只要听过一遍就能完整弹出一首钢琴曲。于是我们利用他的这一优点，多引导他参加比赛，给予他展示的机会，助他树立信心。

3. 加强训练，引导合作

我们根据个别化教育计划训练该生的动作，如连线、追视。先分好小组，并安排同桌辅助他。在开展小组学习时，他和普通学生一样，也会分配到一个任务，有时是资料搜集，有时是记录。在合作中，他必须和同学们进行交流，这给他提供了人际交往的机会，也提高了他的口头表达能力，让他在小组学习中学会了交往。当他所在小组获得"最佳团队"时，他也表现得特别高兴。在运动方面可设计团队游戏，利用该生喜欢的打篮球等活动，让他得到一些肢体锻炼。智力障碍学生能融入小组，学会合作，就是很大的进步。

板块四　交流感想，资源推荐

一、交流感想

教师们共同交流对本课所学内容的感想。

二、推荐书目

［1］邢同渊.智力障碍儿童教学法.天津：天津教育出版社，2007.

［2］刘全礼.智力落后儿童教育学心理学：上册.西宁：青海人民出版社，1995.

［3］邢同渊.智力障碍儿童心理与教育.北京：中国轻工业出版社，2015.

三、推荐电影

《爱的真谛》《我是山姆》《阿甘正传》《学校》。

参考文献

［1］黄春燕.融合教育轻度智力障碍学生的个案研究.华人时刊（校长），2022（6）.

［2］赵海勇.轻度智力障碍随班就读儿童教育策略研究.亚太教育，2022（5）.

［3］田艳萍.积极行为支持矫正智力障碍学生情绪和行为问题的个案研究.中小学心理健康教育，2021（28）.

第 ❸ 课　我们的孤独症学生

设计者：陈晓璇、何卫常（广州市海珠区聚德西路小学）

指导者：吴小文（广州市海珠区教育发展研究院）

▶ 活动目标

（1）了解并掌握孤独症儿童的定义及特点。

（2）了解并掌握孤独症儿童的干预方法和教育策略。

▶ 活动准备

活动设计、活动讲稿、活动课件、活动手册。

▶ 活动过程

板块一　了解概念，明晰特点

一、基本概念

根据 2022 年 3 月 4 日中国残联发布的《关于在宣传报道中规范残疾人及残疾人工作有关称谓的通知》，应使用"孤独症"，不使用"自闭症"。

1. 自由交流

引言

请大家自由交流对孤独症的认识。

在日常生活中，许多人对孤独症的行为表现有误解，常常依据不说话、不理人、不和他人玩耍等行为表现来认定某个儿童患孤独症。

孤独症的全称为孤独症谱系障碍（ASD），是一种由于神经系统失调导致的发展障碍的统称，有明确的医学界定。

2. 孤独症研究的起源与发展

1943 年，美国儿童精神病医生 Leo Kenner 提出"婴幼儿孤独症"的概念，报告了自己所收治的 11 名儿童所具有的异常特点：①拒绝交往；②没有语言或只发出一些没有沟通意义的声音；③对周围环境有相当或极端固定的要求。

1949 年，Leo Kenner 发表了第二篇文章，从生物学转向心理学，他在描述家长的不当行为时指出，该病缘于父母情感冷漠和教养方式不当，给患者造成很大精神压力，使他们产生内疚感和负罪感，"冰箱妈妈"理论由此诞生。

1964 年，身为孤独症孩子父亲的心理学家里兰姆指出孤独症的生物学原因，以及基因与环境的相互作用。

1982 年，我国陶国泰教授确诊了国内首例孤独症患儿，"孤独症"一词进入了中国大众的视野。

2007 年，联合国大会通过决议，从 2008 年起，将每年的 4 月 2 日定为"世界孤独症关注日"，以提高人们对孤独症和相关研究与诊断的关注。

2013 年 5 月 8 日，《精神障碍诊断与统计手册（第五版）》（DSM-Ⅴ）由美国精神医学学会（APA）在美国正式出版。DSM-Ⅴ尝试使用光谱系统对疾患分类，不再只是按类别。孤独症谱系障碍研究，是把相关行为表现看成一个光谱系统，程度由低到高，低端的是"典型孤独症"，高端的则逐渐接近普通人群。对于孤独症的不同程度和表现，更确切的解释是"在谱系内的缺损程度有多深"。

二、基本特点

2000 年《精神障碍诊断与统计手册（第四版）》的诊断标准为：社会交往障碍、言语发展障碍、兴趣范围狭窄以及刻板、同一的行为方式，三岁前起病。

2013 年《精神障碍诊断与统计手册（第五版）》的诊断标准为：①社会沟通和社会互动显现持续性的缺陷；②有限的、反复的行为模式、兴趣或活动。（以上两条必须同时符合）

此前 DSM 一直避讳"成瘾"这个词，第四版 DSM 用的是"药物滥用"和"药物依赖"这两个词。第五版 DSM 不再使用这两个模棱两可的术语，而将所有嗜癖和相关精神障碍都称为"物质使用障碍"（substance use disorders），归在"物质相关和成瘾障碍"中。

孤独症社会沟通和社会互动缺陷的具体表现：①不会说话或语言表达能力差、语用能力差；②对复杂语言的理解能力极差；③肢体语言缺乏，对肢体语言的理解能力差；④不能维持话题，说话常不着边际、不符合情景；⑤异常的语言现象：自言自语、说广告语、鹦鹉学舌。

孤独症狭窄兴趣及刻板行为的具体表现：①着迷于同一玩具、活动或兴趣（如车、日历、水）；②常常执着于没有意义的程序（如走同一路线、排列积木）；③出现刻板的身体行为（如前后摇、转手）；④攻击、自伤行为。

最新修改：2022年3月19日，美国精神医学学会发布了《精神障碍诊断与统计手册（第五版—修订版）》（DSM-Ⅴ-TR），对孤独症的诊断标准做了两处改动：

（1）DSM-Ⅴ规定，孤独症的社会沟通和社会互动障碍症状标准需要满足在多种情况下持续存在社会沟通和社会互动缺陷，具体表现为以下三个方面：①社会情感互动；②社交中的非语言交流；③发展、维持和理解人际关系。DSM-Ⅴ-TR改为：具体表现为以下所有方面：①社会情感互动；②社交中的非语言交流；③发展、维持和理解人际关系。

（2）拓宽了孤独症及其共患障碍的边界。DSM-Ⅴ要求临床医生明确说明孤独症是否"与另一种神经发育、精神或行为障碍有关（associated with another neurodevelopmental, mental or behavioral disorder）"。DSM-Ⅴ-TR改为"与一种神经发育、精神或行为问题相关（associated with a neurodevelopmental, mental, or behavioral problem）"。

三、孤独症相关统计数据

2021年12月3日，美国疾控中心（CDC）更新了孤独症患病率的筛查数据。其发布的报告显示：2018年，在11个孤独症和发育障碍监测站点（ADDM）中，孤独症谱系障碍的总体患病率高达2.3%，即每44名8岁儿童中就有1名被确诊患有孤独症谱系障碍。不到两年，孤独症的患病率从2016年的1/54上升到2018年的1/44，几乎每年都在增长。

四、孤独症的成因

除了小部分单纯由基因因素引起，绝大部分的孤独症是基因易感性和环境因素共同影响大脑早期发育的结果。

遗传因素：25% ~ 35% 的遗传因素与 ASD 患者发病密切相关，单卵双生儿 ASD 的符合率高达 70% ~ 90%，双卵双生儿 ASD 的符合率约为 30%，在兄弟姐妹中占 3% ~ 19%。此外，同父同母的兄弟姐妹之间的一致性比同父异母的兄弟姐妹之间的一致性高两倍。[①]

免疫生化因素：最近的不少研究发现，孤独症儿童的免疫反应异于普通儿童，他们的异常提示免疫功能障碍可能与孤独症的发生或发展存在某种关联，但具体作用机制如何，目前还说法不一。

这里的"环境因素"不仅仅指我们通常所说的阳光、空气、水等自然环境，而是广义地指一切非遗传因素。

高危因素存在于母亲孕期和围产期，主要包括：父母孕龄较高、母亲怀孕期间的疾病和不良行为、生产过程困难以及极低体重早产等。

五、孤独症的影响

孤独症可能伴有感知觉异常、智力障碍、运动协调障碍、注意力问题、生理健康问题（如睡眠障碍、胃肠功能紊乱）。根据神经多样性并存理论范式的观点，孤独症儿童存在社会交往方面的缺陷，有狭隘的兴趣和重复刻板的行为。这些核心特征会影响患儿的社会适应，影响他在成长过程中与父母、朋友的交往，还会导致生理功能受到损害，最终对个人成长造成影响。但是，一部分孤独症儿童在知觉、认知方面有突出优势。他们记忆力强，对感兴趣的东西有非常强烈的关注，会反复练习，因此这些方面的能力非常突出，特别是在艺术、绘画、音乐还有自然科学等领域，展现出极大天赋。孤独症是缺陷与优势可能并存的一种状态。提及孤独症儿童时，我们会更多去谈他们的问题和缺陷，但同时也要关注孤独症儿童拥有或潜在的优势，才能更好地去理解和帮助他们。在帮助他们解决障碍的同时，也帮助他们发挥天赋。从这样的角度去认识孤独症儿童，才是比较全面、恰当的。

板块二 及早干预，专业支持

一、教育干预为主，药物治疗为辅

由于孤独症的成因未明，暂时无特效药。目前孤独症患者用药的目的主要是缓解某些孤独症合并症状，如癫痫、多动症、焦虑。缓解孤独症最重要

---

① 李胜，江鸿，费安兴，等. 孤独症谱系障碍的遗传学研究进展. 中国儿童保健杂志，2020（1）.

的方法还是教育干预：通过家庭、学校、专业机构的系统教育，搭建孤独症儿童与外界沟通的桥梁，从而帮助他们形成适当的行为方式。教育干预的目的在于改善患者核心症状，同时促进能力发展，改善障碍程度，提高生活质量，尽可能地培养他们独立生活、学习和工作的能力。以下是针对孤独症儿童常用的干预方法：

1. 行为疗法（ABA）[①]

依据行为塑造的原理，以正强化为主，核心是任务分解技术，包括四个步骤：①训练者发出指令；②儿童的反应；③对儿童反应的应答；④停顿。强化的目的是让儿童更愿意配合，更喜欢训练。刚开始对孤独症儿童进行训练时，一般使用的是初级强化物，如食物、饮料等，再逐渐引导儿童接受次级强化手段，如表扬、赞赏、拥抱等。教学较难的技能项目时，要使用儿童最想要的强化物。

2. 音乐疗法[②]

大部分孤独症儿童有良好的音乐反应能力，少数孤独症儿童还会表现出惊人的音乐感知和记忆才能，但是这不一定表示他们比其他儿童更有音乐天赋。音乐之所以具有吸引力，原因之一是音乐能超越语言通向情感世界。音乐可以刺激多重感官。音乐治疗与音乐教育不同，并不停留在对孤独症儿童一般音乐能力的培养。音乐与人的听觉、视觉、触觉、平衡感等多重感官同步，当一个有明显孤独症倾向的孩子试探性地在小鼓上敲响第一下时，就已经开始体验成功的喜悦了；随着训练的重复和难度的提高，其自信就会逐渐被强化并巩固下来。同时，音乐很适于集体合作，当儿童能够相互配合共同演唱或演奏时，人际交往能力就开始产生了。

3. 结构化教学（TEACCH）[③]

利用孤独症儿童的视觉优势，创设有组织、有系统的学习环境。

（1）制定集体与个人课程表，展示他今天要上的课或进行的活动，通过视觉让他知道先做什么，再做什么，最后做完什么就结束了。流程清晰、可预见。（目的：减轻焦虑，指引行动）

（2）制定课堂常规，执行一致。（目的：养成并巩固良好习惯）

---

① 如果想进一步了解相关内容，可参考《ABA（应用行为分析）基础》一书。

② 如果想进一步了解相关内容，可参考《特殊儿童的音乐治疗》一书。

③ 如果想进一步了解相关内容，可参考《结构化教学的应用》一书。

（3）个别化作业系统，利用简明的视觉提示，通过固定的程式，有组织、有系统地安排教学环境、材料及过程，降低学习难度。把抽象的语言符号化成直观的图卡，通过独自操作的方式去检验他的学习情况。增强孤独症儿童对环境的理解，使他有信心适应环境。（目的：发挥孤独症视觉优势，化抽象为具体，吸引注意力，培养自主执行能力，减轻焦虑，稳定情绪）

（4）明确教学区域，合理安置座位，充分利用区间教室功能。（目的：减少刺激，排除干扰，稳定情绪）

二、制订与实施个别化教育计划

个别化教育计划是指针对特殊需要学生生理、心理、个性发展及学习特点，专门为他们制订的适合其个人学习与发展、补偿其缺陷、发挥其潜能的具体教育方案。

基本流程：①了解孤独症学生的成长史、教育史和医疗史；②进行全面的评量；③确定教育目标和设计课程内容；④执行计划并改进计划。

三、融合教育

1. 必要性

孤独症学生除了接受有针对性的康复训练，还可以到特殊教育学校接受教育，但是更利于孤独症学生发展的是让他们跟普通学生在一起学习，因此我们更加提倡融合教育。融合教育强调学生个体的独立性和彼此间的相互依存关系，珍视每一位学生的异禀天赋，并且重视对团体的归属感和认同感，可实现"双赢"的结果。

孤独症学生在融合环境中学习，与普通学生交往沟通，向同伴学习语言、行为、沟通社交技巧，增加适应主流社会的能力，可为未来融入社会打好基础。

普通学生在融合环境中，通过与孤独症学生一起学习，了解他们的身心特点，增强了尊重、平等、接纳等意识，培养了分享、合作、互助等优良品质。在融合环境中成长的普通学生，对特殊需要学生表现的一些不合常理的行为和情绪表达大多能持一种理解、包容的态度，不会用异样的眼光看待他们。

2. 全员参与

融合教育需要全员参与，共同促进师生融合、生生融合、家校融合、社会融合。首先，教师要言传身教，尊重、了解、接纳、包容孤独症学生，创设友好氛围环境，给予家长更多支持。其次，引导普通学生参与支持，培养他们与孤独症学生友好交往的技能。再次，在全校开展融合宣导、手拉手、国旗下讲话、设立孤独症宣传展板等活动，推动全校师生以及保安、清洁人员等参与融合活动。最后，发动家长、社会资源，共同建设融合友爱的社会环境。

融合教育不能忽视家庭教育，家校合一是融合教育的重要条件。孤独症学生的未来很大程度上取决于家长的智慧与坚持，绝大多数孤独症学生的家长都是专家，他们在多年陪伴孩子成长的过程中习得了很多方法，我们要善于利用家长的资源，虚心向家长学习有效的方法，最大限度地发挥家校合作的功能。我们可以邀请孤独症学生的家长到学校，成为他们的学习伙伴，这样既可以减轻教师教学上的压力，也可以充分发挥家长的作用。

3. 实施阶段及策略

孤独症学生进入小学主要经历三个阶段：①入学适应阶段；②学习活动参与阶段；③社会交往的适当性和能力提升阶段。不同的阶段会出现不同的问题，不同的问题需要不同的对策。

（1）入学适应阶段。

这是第一阶段，是基础、关键。孤独症学生刚入学时经常会出现对于学校环境的适应问题，表现出尖叫、逃离教室、自伤或伤人的行为，我们要怎么帮助他们呢？

①为孤独症学生对环境（包括物理环境和人文环境）的适应提供支持。

物理环境：让孤独症学生入学前提前熟悉学校环境，减少对环境的陌生感；将其教室座位安排在靠近黑板的位置，有利于其集中注意力，减少干扰；教室环境避免嘈杂、尽量安静，对其捂耳朵的行为予以理解。

人文环境：营造融合友爱的班级气氛，让孤独症学生有归属感。让普通学生了解孤独症学生的特点，理解他们适应环境的不易，引导普通学生正确看待孤独症学生的特殊行为，培养同理心；鼓励孤独症学生参与班级活动；发挥孤独症学生的优势，给予他们服务集体和同学的机会（如识字、记忆能力较强的，可以让他们当小老师帮助同学；整理图书能力较强的，可以给他们安排图书管理员的工作；还可以安排一些擦黑板、倒垃圾的值日生工作）。

②为孤独症学生对学校一日流程的适应提供支持。

建立班级一日流程表，张贴在教室醒目的地方，以便孤独症学生查阅。如果有调整，要事先告诉他们。如果临时变化无法预知，当孤独症学生出现情绪与行为问题时，应给予其平复的时间，待其情绪稳定后再进行安抚、解释。

建立个别孤独症学生的一日流程表，满足其特殊需要。对于这些学生需要适当放宽要求，根据其喜好安排课间活动，根据其能力选择照片、图片、文字等不同的视觉提示。

③为孤独症学生对学校要求的适应提供支持。

要将学校、班级的规章制度张贴在醒目的位置，用简短且正向的语言将要求描述出来，可以让孤独症学生把规章制度材料带回家，让家长配合讲解，还可以进行班级讨论，提高孤独症学生对制度的理解和执行的自觉性。对于孤独症学生现阶段能力不及的目标，可以将目标分解，先让其完成小目标，再逐步提高难度，具体方式因人而异。应让孤独症学生明白：有了规章制度就要执行，若违反规定就要承担一定的后果。

第一阶段的入学适应是比较难的，孤独症学生需要一定的时间来适应，也需要教师及同伴给予充分的理解和足够的耐心。

（2）学习活动参与阶段。

这是深入阶段，利用孤独症学生的学习优势，提供合适的学习方式与课程，助其提高学习参与度，从而增强自身认同感和班级归属感。应让孤独症学生明白：参与比成绩重要，努力比结果重要。

①了解孤独症学生的学习特点，提供不同的学习材料。

②调整对孤独症学生学习成绩的期待，过高或过低都不利于其发展，可以与家长共同商讨制定现阶段适宜的教育目标。

③教学的调整，包括教学时间的分配、教材的调整、课程的调整、作业与考试的调整。教学时间的分配一般分为参与时间和转换时间，要尽可能安排好孤独症学生参与学习活动的时间，减少转换的等待时间，或者在转换时间中安排一些擦黑板、发作业本的工作，以减少其因无聊而产生的问题行为。教材的调整包括调整教学内容的呈现方式（如配图，添加视频、动画演示，配音，调整字体字距，突出关键词句）、精简教材、补充教材等。课程的调整包括课内和课外，当课内无法满足孤独症学生的需要时，可以利用资源教师和资源教室的帮助，但要注意调整的目的是让学生融入班级，而不是隔离。作业的调整关键是激发孤独症学生参与的兴趣，注意量和质的要求。考试的调整包括呈现方式、难度、评估标准的调整。

④资源教师与陪读。资源教室的课程包含补救性课程、功能性课程、发展性课程，资源教师应根据孤独症学生的IEP考虑哪些应在普通班级中完成、

哪些必须在资源教室完成，避免将资源教室变成隔离室。相比资源教师，家长陪读的优势是家长更了解自己的孩子，不利因素是当孩子出现问题行为时，如果家长未能冷静处理，会影响孩子的情绪稳定。

（3）社会交往的适当性和能力提升阶段。

这是最高阶段，交往问题是核心，需要长时间的磨炼。在交往问题上，孤独症学生的表现参差不齐，有的不与人交往，有的有着强烈的交往意愿。

对孤独症学生社会交往的适当性和能力提升支持策略主要有以下两点：

①创设宽松的环境。

要帮助孤独症学生获得安全感，在课间管理中多给予其关注与指导，引导普通学生理解与接纳孤独症学生的特点。

②帮助孤独症学生学会与同伴交往。

可以通过同伴协助，提高孤独症学生的交往弹性，如调整新玩法、更换新伙伴；利用自然后果，调整孤独症学生的执着行为，例如，当孤独症学生用拍打同伴的行为来打招呼，同伴不愿与之交往时，可以明确告知其原因，让其体验到同伴不与之交往的后果，并教导其正确的行为；运用目标分解，提高孤独症学生的交往技能，将大的交往目标分解为小目标，让其有成功体验；家校配合，在日常生活中培养孤独症学生灵活多变的能力，带其外出活动，增加其交往体验。

4. 孤独症学生情绪与行为问题

有研究者认为，行为问题是孤独症儿童仅有的或最有效的沟通方式；行为问题只是浮在冰山上的显性问题，冰山之下则隐藏着个体内的限制与不足。由于语言表达能力弱、表达方式匮乏，当他们无法用有限的方式表达内心的需求时，只能以情绪的发泄和问题行为的爆发来表达。对于孤独症学生的情绪与行为问题，要考量个体的特征、成长与生活背景、环境对其的影响，进行原因分析，找到原因后提供支持策略。

（1）孤独症学生情绪问题的支持策略。

①满足需求，减少限制。

了解孤独症学生的需求是解决情绪问题的关键，但是困难的是他们往往不能用语言准确表达，因为不能及时排解，负面情绪很容易积压，导致情绪问题的爆发。孤独症学生有对安全感的需求，教师的态度温和、语气柔和，同伴的友好、宽容，对他们建立安全感有极大的促进作用；孤独症学生也有对认同感和归属感的需求，教师和同伴对孤独症学生的肯定、关注，给予他们参与班级活动的机会，对他们的良好表现给予鼓励，是帮助他们融入集体、获得归属感、减少焦虑的最佳方式。要帮助孤独症学生了解合理需求与环境要求的关系，对安全感严重不足的孤独症学生加以限制会使他们更加焦虑，因此降低要求、减少限制是必要的。要先诱发孤独症学生的主动性，再进行规制限制，以更好地发展其自我调控与管理能力。

②教导孤独症学生辨识情绪并以适当的方式表达。

教导孤独症学生感受自己的情绪与辨识他人的情绪、以适当方式表达情绪、采取适当方式排解情绪。当孤独症学生能够适当表达时及时给予其鼓励并理解其情绪。

③引导孤独症学生以适当方式宣泄情绪。

引导孤独症学生通过深呼吸、听音乐、画画、做数学题、写字、看书、聊天、散步、跑步等方式宣泄情绪。理解孤独症学生的情绪，必要时给予其一定的独处时间和空间。

④提高孤独症学生对情绪的自我调控能力和弹性。

家校合作，给孤独症学生提供应对各种事情的机会，让其理解并适应事情发生的常态，提高其解决问题的灵活性。

（2）孤独症学生行为问题的支持策略。

①正向行为支持法。

当孤独症学生频繁随意离开座位时，如何运用正向行为支持法减少其这一行为呢？首先，要建立和增加正向行为，从表面上看该生的行为是离座，实际上其可能是不知道坐在座位上要做什么，我们要做的是增加其课堂参与行为，提高其课堂参与度。可以在课堂上安排适当的任务，让其有事可做。其次，可以运用替代行为减少不适当行为，例如，教师可以叫该生站起来擦黑板、发作业等，让其合理地走动。再次，要促进行为的类化和维持，所有科任教师共同配合，让其在不同的课上也能迁移维持。最后，发展该生的自我管理能力，可以建立契约，将行为目标张贴出来，随时提醒其自我监督，在其有进步时予以强化，还可以利用代币制助其逐步提升这一能力。

②视觉沟通方式。

对于因沟通困难而产生的行为问题，可以利用视觉辅助的方式，如运用视频、照片、图片、文字等，帮助其理解与沟通。

重点：

平和心态：面对孤独症学生的问题行为，教师要保持平和心态，减少孤独症学生焦虑、紧张的情绪。

正确期待：行为问题可能会反复，要彻底解决需要长期坚持，给予足够的耐心。

尊重包容：要维护孤独症学生的自尊，理解与接纳他们。

探析原因：分析问题行为背后的原因，以及问题行为和环境的关系，预防该行为再次发生。

分清主次：处理应有轻重缓急，一般来说情绪问题是最先要解决的。

发展而非矫正：重点关注、发展孤独症学生的正向行为。

替代性行为：找到替代性行为是关键，选择替代性行为要符合正常化原则和最少限制原则。

板块三　案例分享，引发思考

一、刻板行为的转化

提问：你们平时看到学生有一些刻板行为，是否会去纠正他呢？

邹小兵教授提到：现在对于刻板行为，我们不去做太多矫正。即使有伤害性的刻板行为，比如拿头撞墙、打头，我们的纠正方式也不应该是粗暴地绑起来，可以转化成打鼓等。

刻板行为的转化，要善于看到孤独症学生的优点，发掘他们的长处。有的孤独症学生很遵守和认可规律、程序，这样有利于他们形成规律的学习生活习惯。有的孤独症学生喜欢排列物品，这是一种典型的刻板行为，但这种行为在某种意义上也是一种执着，这种执着用在合适的地方，就可能有所成就。孤独症学生对兴趣的专注以及异于常人的天分，让他们容易在感兴趣的方面大有作为，达到很高的水平。把刻板行为转化为兴趣爱好甚至是工作能力，有许多优秀个案：

英国的史蒂芬·威尔特希尔 3 岁时被诊断为孤独症，他有着惊人的机械记忆力和绘画能力，能把只看过一遍的城市街景完整画下来。他现在是一位有名的画家，有"人体照相机"之称。

孤独症男孩淘淘，爱好坐地铁，妈妈引导他手绘地铁线路图，并在外出旅游时，把安排出行路线的活交给他。这就是把孩子的刻板行为用到了实处，孩子也会感到快乐。

对于孤独症学生如何将刻板行为转化为优势行为，邹小兵教授提供了很多思路和方向：

如果孩子喜欢看手，我们可以先思考手有什么可看的。例如手上有纹理，我们可以转化为相似的地图、星座图，让孩子从看手转化为看地图、看星星。

如果孩子喜欢看地图，可以和孩子从地图开始玩起，从地图谈到国家、首都、森林、生物种类、动物、矿产、资源，再从国家谈到人口、面积、距离、形状等与数学有关的知识，还可以用英文对这些知识加以标注，这样就可以在一定程度上促进孩子的全面发展，使其在语文、数学、英语的学习上都可以获益。

如果孩子喜欢汽车，就从汽车开始与孩子交流和玩游戏，再像上文一样拓展。

如果孩子喜欢排列东西，可以引导孩子每天回到家脱掉鞋子后，把鞋子整齐地摆放到鞋架上，再让他把这一好习惯扩大到日常生活的更多场景中，帮助孩子建立良好的生活常规。

如果没有发现孩子可利用、可转化的方向，也不要心急，可以多让孩子接触新鲜事物，也不妨准备一些小乐器、画笔、科普书等，不要忽略任何可能令其萌发兴趣的细节。

二、行为问题的干预

飞飞是一名就读于普校特教班的孤独症学生，存在"用手遮挡眼睛"的行为。

以下基于对飞飞生理情况、家庭情况，孤独症患者生理和心理情况、认知、强化物的分析调查，采用单一受试法介入其行为问题。

1. 设计融合教育课程

融合教育课程是融合教育成功的关键，也是提升融合教育质量的重点。我们根据飞飞的特长，将其安排到普教班中进行部分课程融合，部分时间在普教班与普通学生一起上课，部分时间到资源教室接受特教教师的小组教学及个别指导。我们希望飞飞在这种安排下能发挥最大潜力，并充分发展其社会适应能力，顺利地在普校就读。但融合教育的实现不只是特殊需要学生与普通学生在物理空间上的融合，更重要的是课程与教学的融合，而课程的融合是融合教育最高也是最难的目标。为此，我们设计了如下融合教育课程：①特教班基础性课程；②特教班补偿性课程（资源教室）；③特教班集体课程；④专为飞飞设计的学科融合课程。

2. 开展行为问题的干预研究

如果孤独症学生在与环境的相互作用过程中不能克服神经发育损伤所造成的障碍，就会导致其二次身心发展障碍，出现更多、更严重的认知问题、行为问题、情绪问题等。因此，我们有责任和义务帮助他们克服社会生活障碍。针对飞飞"用手遮挡眼睛"的行为，我们基于对其生理情况、家庭情况，孤独症患者生理和心理情况、认知、强化物的分析调查，对其行为问题实施矫治。

（1）行为问题描述。

飞飞的主要表现为：当遇到陌生人、较长时间未见的人时，会用手遮挡眼睛，不与对方打招呼。早上，老师进入教室后跟该生打招呼，其会用手遮住眼睛，不说"早上好"；老师走去跟其他学生打招呼，该生会生气地大声说"早上好"或者"不要"。当老师未满足该生需求或者批评他时，他会用手遮住眼睛大哭或者扔旁边的物品。

（2）前奏事件的观察记录和分析。

记录前奏事件、表现、是否发生用手遮眼行为。

（3）行为问题的功能性分析。

用手遮住眼睛的情况和不用手遮住眼睛的情况如下：

①除了熟悉的宋老师，该生在与其他老师第一次见面时会用手遮住眼睛，频率较高，但到了课间，或者老师忽视其一段时间后，他会把手放下。对其他老师、义工等不够熟悉的情况下，该生会没有安全感。孤独症学生接受新的一天、新的一次见面，需要时间适应。

②该生在亲人和熟悉的宋老师面前未出现用手遮住眼睛的行为，但是，当亲人或宋老师没有按照他的意思做事时，他也会用低头代替用手遮住眼睛。

③该生想到资源教室玩玩具时会很大方地表示要去资源教室上课，但是，如果他心情不好，怕遇到不懂的问题时，会用手遮住眼睛表示不接受或者逃避。

④该生面对困难和挫折不懂得用正确的方式应对，自信心不够，不能大胆地应对人和事时，便会用手遮住眼睛。

功能性分析：该生用手遮住眼睛的原因归类为害羞、逃避、故意。

（4）行为问题环境分析。

任何问题行为都是环境和个人相互作用的结果。该生触觉敏感，安全感很低，容易焦虑，较难接受改变，情绪容易失控。面对不同的环境，其表现也不同。当遇到熟悉的宋老师，该生会主动大方地与其打招呼；见到其他老师则偶尔有用手遮住眼睛的行为。遇到困难和事情不如自己所愿时也会用手遮住眼睛逃避。其抗挫折能力、应变能力、自信心、忍耐力较弱，也没有掌握正确应对问题的方法。

（5）前因和策略分析。

①建立安全的人际关系。首先利用强化物让该生喜欢资源教室，然后帮助其在资源教室建立安全的人际关系。

②替代法。当该生发脾气时，不断强化其用正确的方式表达自己情绪的观念。

③强化物的运用和消退方式。利用正增强物强化其良好行为。

④环境控制。

（6）辅导过程记录。

设1周为观察期，介入期为4周（分2个阶段，2周为1个阶段）。

（7）后续处理方法。

我们在上述受试过程后又做了连续3周的观察记录，通过1周每天早上、上课前后的观察记录可知，该生在早上进门时能够主动与除了宋老师以外的其他老师打招呼，出现过两次用手遮住眼睛的情况，出现情况当日放学后家长不给予奖励。该生后续在资源教室学习眼睛的作用和参与安全人际关系游戏。

（8）总结。

飞飞不是一个典型的孤独症患者，但是其也存在刻板的生活方式、感统异常、社交障碍。在其成长过程中，不同的环境会让其问题行为发挥不同的功能。我们通过观察得出，该生用手遮住眼睛的功能有害羞、逃避、故意三种。环境控制能够让问题行为不出现。而替代性策略能够让其用语言自主表达替代用手遮住眼睛逃避，这样的方式更加正确。该生的问题行为因此在2周内得以实现一定程度的减少。后续需要继续进行强化训练和环境控制，直到此问题不再出现。通过这个案例我们能够看到，问题行为通过合理干预可以得到改善。

板块四　资源推荐，知识拓展

一、推荐书目

［1］俞劼，王国光.孤独症儿童的小学融合教育.北京：北京教育出版社，2017.

［2］天宝·葛兰汀，玛格丽特·M.斯卡里诺.自闭历程.徐雅珺，孟畅，译.上海：上海社会科学院出版社，2020.

［3］张雁.蜗牛不放弃.北京：华夏出版社，2006.

［4］洛娜·温.孤独症谱系障碍：家长及专业人员指南.孙敦科，译.北京：华夏出版社，2022.

［5］蔡春猪.爸爸爱喜禾.长沙：湖南文艺出版社，2018.

二、推荐电影

《地球上的星星》《海洋天堂》《来自星星的孩子》《雨人》《遥远星球的孩子》。

结语

在茫茫夜空中，你我都是当中唯一而渺小的一颗星星，我们既独立又彼此依存，在同一天幕下，闪耀着不一样的光芒。

参考文献

［1］贾美香，白雅君.ABA（应用行为分析）基础.沈阳：辽宁科学技术出版社，2018.

［2］胡世红.特殊儿童的音乐治疗.北京：北京大学出版社，2011.

［3］于丹.结构化教学的应用.北京：华夏出版社有限公司，2021.

［4］俞劼，王国光.孤独症儿童的小学融合教育.北京：北京教育出版社，2017.

第④课　走进情绪与行为障碍学生的世界

设计者：区丽华（广州市海珠区东风小学）

指导者：吴小文（广州市海珠区教育发展研究院）

▶ 活动目标

（1）了解并掌握情绪与行为障碍学生的定义及特点。

（2）了解并掌握情绪与行为障碍学生的干预方法和教育策略。

▶ 活动准备

活动设计、活动讲稿、活动课件、活动手册。

▶ 活动过程

板块一　案例分享，引发思考

一、案例分享

小华是一位小学六年级男生，从一年级开始就经常跑出教室，很难安静坐在座位上；他常打骂同学，一旦玩耍遭到拒绝，就会向人吐口水，甚至曾用利器伤人，在学校人际关系很差。父母表示小华从小在家里就十分任性，其要求被拒绝时会大发脾气、摔东西、用脏话谩骂。

（1）提问：你们是否见过这样的学生？

（2）总结：这类学生平时会持续地表现出外向性的攻击、反抗、冲动、过动等行为，或内向性的退缩、畏惧、焦虑、忧郁等行为，或其他行为问题，造成个人在生活、学习、人际关系等方面的困难，这就是有情绪与行为障碍，需提供特殊教育或相关服务协助。

二、认识情绪与行为障碍

（1）提问：你们了解过情绪与行为障碍学生吗？

（2）讨论：你们能说说情绪与行为障碍学生常伴有哪些表现吗？

（3）总结：情绪与行为障碍学生常表现为长期情绪或行为反应显著异常，严重影响其生活适应。这类障碍并非智能、感官或健康等因素直接造成的。

三、了解情绪与行为障碍的特征

引言

通过刚才的交流，我们大致可以知道情绪与行为障碍可分为外显性情绪与行为障碍和内隐性情绪与行为障碍。

（1）外显性情绪与行为障碍主要有以下表现：

①打架斗殴，反复出现攻击性行为。

②经常冲动、缺乏自控力，喜欢乱喊乱叫、无理取闹，爱发脾气和抱怨。

③会用言语或武力的方式胁迫同学、欺负弱小同学，常被排除在同学的活动之外。

④逃避要求或任务，经常说谎、强词夺理、无理争辩、不服从命令，不听从教师的教导，不理会他人对自己纠错。

⑤无视组织纪律，损坏公物，有偷盗之类的不良行为和反社会行为。

⑥学习态度很不认真、不完成作业，学习成绩差。

外显性情绪与行为障碍学生常扰乱教学进程和课堂秩序，影响教师上课。

（2）内隐性情绪与行为障碍主要有以下表现：

①经常感到忧伤、沮丧和产生无价值感。

②经常出现幻觉，无法摆脱某种错误的观念和情景。

③无法克制自己，会做出一些重复和无用的行为。

④喜怒无常，在某种情境下经常出现怪异的情感。

⑤由于恐惧或焦虑，经常伴随头疼或其他身心疾病（如胃疼、恶心、头晕呕吐等）。

⑥曾有过自杀的想法和言谈，过分关注死亡。

⑦对学习和其他活动兴趣很低，多半学业不良。

⑧常被同学忽视或拒绝，或遭受过分的嘲笑、攻击和欺辱，但反抗性差。

内隐性情绪与行为障碍学生尽管不像外显性情绪与行为障碍学生那样会对他人造成威胁，但他们自身的发展会受到严重影响。根据儿童早期所表现出的社会性退缩行为，可预测其将来可能表现出低自尊和孤独性。内隐性情绪与行为障碍学生如果早期未接受及时、有效的教育辅导，不仅会出现学业落后的情况，还可能会出现滥用药物、酗酒、自伤甚至自杀行为。

（3）情绪与行为障碍的具体表现。

①学业失败：学习困难；焦虑与恐惧；逃避或回避心理。

②社会技能贫乏：在与他人尤其是陌生人交往时，存在持久的焦虑，表现为社交回避行为；在与陌生人交往时，对其行为有自我意识，会表现尴尬或过分关注；在社交场合中，不懂处理社交关系，导致交往受限；当进入新环境时，常感到痛苦、不适，会哭闹、不语或退出；在社会生活中表现出较少的积极情绪、较多的消极情绪。

③注意力缺陷：注意力集中时间短暂，容易分心，难以长时间维持专注；对各类事物的刺激容易产生反应，容易被外界干扰；在学习或参加活动时，经常表现出心不在焉，听课或做事效率低；难以遵守指令完成任务，做事时不注意细节，常因粗心大意而出错；在需要持续注意力的任务（如阅读、写作或数学计算等）中表现不佳。

板块二 讨论交流，探讨成因

一、讨论交流

提问：你们知道这类学生情绪与行为问题的成因吗？请相互说说自己所了解的情况。

二、总结

（1）生物学理论与生理因素。

①基因会影响情绪与行为特征。

②严重的营养失调可能导致情绪与行为问题。

（2）心理学理论与心理因素。

（3）社会学理论与社会因素。

①家庭环境：家庭不完整、家长的情绪与行为问题、家庭成员之间在感

情上缺乏良好的沟通和交流、家庭教育方法不当、贫困。

②学校环境：在学校教育环境中，教师的态度和同学之间的关系对这类学生情绪与行为发展的影响最为明显，教师的偏见和同学的疏远或捉弄、嘲笑最易助长消极情绪与行为的发展。

③社会环境：在社会生活环境中，这类学生因缺乏社交技能，难以与他人建立良好的关系，从而进一步加重其孤独感和社交焦虑。

板块三　了解方法：评估、鉴定、安置流程

遇到情绪与行为障碍学生，应妥善安排对他们的评估、鉴定和安置。我们可以通过下图更好地了解其中的鉴定工作流程。

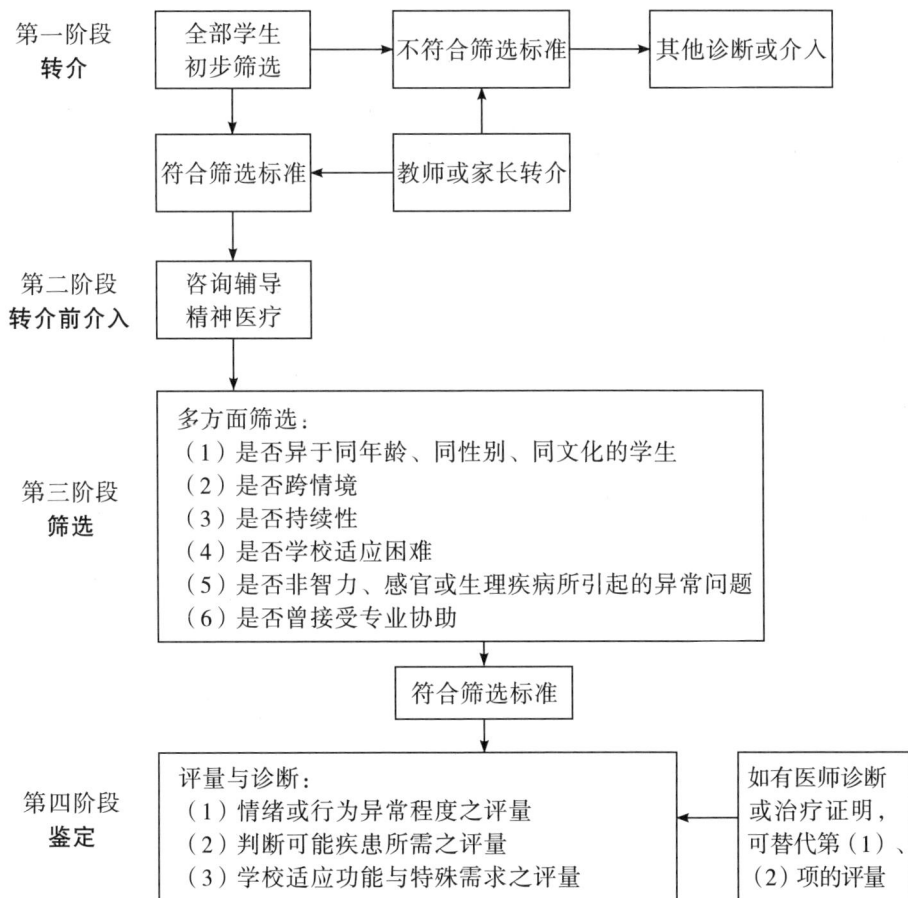

情绪与行为障碍学生鉴定工作流程

第一阶段
转介
全部学生初步筛选 → 不符合筛选标准 → 其他诊断或介入
符合筛选标准 ← 教师或家长转介

第二阶段
转介前介入
咨询辅导精神医疗

第三阶段
筛选
多方面筛选：
（1）是否异于同年龄、同性别、同文化的学生
（2）是否跨情境
（3）是否持续性
（4）是否学校适应困难
（5）是否非智力、感官或生理疾病所引起的异常问题
（6）是否曾接受专业协助

符合筛选标准

第四阶段
鉴定
评量与诊断：
（1）情绪或行为异常程度之评量
（2）判断可能疾患所需之评量
（3）学校适应功能与特殊需求之评量

如有医师诊断或治疗证明，可替代第（1）、（2）项的评量

情绪与行为障碍学生有接受教育并从中获益的权利。以下是常见的安置方式：①一般学校普通班；②一般学校资源班；③一般学校特殊班；④特殊学校；⑤儿童精神医院；⑥辅育院。其中，第①到第④种安置方式让我们有机会遇到情绪与行为障碍学生，并为他们提供一定的辅导。

板块四 体验参与：对学生的辅导

一、长期阶段性辅导的必要性

对情绪与行为障碍学生的辅导并不是一蹴而就，也不可能一次辅导就能看到显著效果，而需要长期的阶段性辅导。

二、有效的介入方法

1. 介入方法

（1）药物治疗。

很多情绪与行为障碍学生的情绪与行为问题可以被药物有效控制甚至改善，例如精神分裂、忧郁症、焦虑症、注意力缺陷过动症等，常用药物包括中枢神经兴奋剂、抗精神病剂、抗郁剂、抗焦虑剂、抗躁剂等。但因为每个人对药物的代谢不同，可能产生的副作用反应也不尽相同，所以一定要由相关的权威医疗机构去确认和制订治疗方案，家长和教师都不能随意让学生用药，适当的剂量是药物治疗的关键。

美国华裔临床心理学家赖铭次教授认为，儿童或青少年在下列四种情境下应考虑用药：一是有明显的心理疾患或精神状态出现显著异常，例如精神分裂、忧郁症、强迫症、恐慌症、注意力缺陷过动症等，药物治疗能有效控制上述症状。二是异常行为可能伤害他人或自己时。三是不能克服现实的压力时。四是经长期心理治疗而无显著成效时。

（2）心理治疗。

（3）亲子教育。

处理情绪与行为障碍学生的情绪与行为问题通常需要家长在家里配合运用有效策略。亲子教育主要是帮助家长了解孩子的问题，接纳孩子的不一样，以及学习有效的训练或处理方式。家长的配合常常会让很多问题处理收到事半功倍之效。

莫斯（Morse）对家长提出了四点建议：第一，爱护孩子，经常与他们接触和交流，设身处地地为孩子着想。第二，建立民主宽松的家庭关系，保持和睦的气氛。第三，提高自身修养，在教育孩子时要有耐心，减少口头上的责备，增加自身行为的感染力。第四，利用正负强化的方法改变孩子的不良行为，发展他们的学习能力，帮助他们减少或消除自卑感和焦虑情绪。

（4）特殊教育。

对情绪与行为障碍学生的干预方法和教育策略：①社会技能；②学业技能。

总结：没有任何单一治疗是对情绪与行为障碍学生完全有效的，唯有多种有效介入方法的配合以及长期的介入规划与执行才能见到成效。

三、全校性的介入

班级出现情绪与行为障碍学生，不只是学生本人的事，也不只是学生所在班级的班主任的事，而是全校都要正视的事。所以，全校性的介入就显得尤为重要。

（1）三级预防主要是依据心理卫生的预防观点规划的辅导工作。

①初级预防。初级预防主要是防范问题的发生，服务对象包括所有儿童。

②次级预防。次级预防主要是阻止刚发生的问题行为，预防问题恶化，因此服务对象为特定的学生。此阶段的设计和执行者所需的专业知识较初级预防阶段多。

③三级预防。三级预防针对出现严重适应困难的情绪与行为障碍学生，相当于治疗的层级，重点在于避免问题产生连带作用、过度复杂化，对本人或他人造成不良影响。此阶段服务的人数最少，问题的严重程度也最大，一般而言，处理这些严重、复杂的问题，不仅要有足够的专业辅导，还需其他相关专业与特殊教育共同合作。

（2）如何落实全校性介入政策。

唯有结合全校的力量，有系统地分工合作，才能真正落实全校三级预防工作。

①全校建立明确的政策与执行规定，以有效发现并纠正情绪与行为障碍学生的不当行为。

②教师应随时评鉴所用的班级处理与教学方法，并采用最被情绪与行为障碍学生接纳且有效的方法。

③教师负责实施行为介入策略，以协助情绪与行为障碍学生改善自身行为。

④教师需要来自同事的协助，以确定其努力是否有助于情绪与行为障碍

学生。

⑤学校制订明确且能促进有效沟通的全校性学生介入计划，以帮助教师引导情绪与行为障碍学生实现行为目标。

⑥学校应安排教职员工共同实施特定的计划来协助正发生情绪与行为问题的学生，以求最佳成效。

⑦若学生经上述第①到第⑥的步骤，仍持续出现情绪与行为问题，应寻求外界的支持。

综上所述，在全校性介入政策之下，情绪与行为障碍学生的情绪与行为问题责任归属于全校而非少数人，学校应建立一套明确的行为处理策略，使情绪与行为障碍学生明白学校与教师的期待，通过教学，不断地练习、复习与反馈，使情绪与行为障碍学生能适时表现出适当的行为，及早预防问题行为的发生或恶化，经由外在环境的协助，让情绪与行为障碍学生进一步提升自我管理以及解决问题、冲突的能力。而当全校性介入政策无法满足某些学生的需求时，可依实际逐渐增加校内的资源或校外社区的资源，甚至转介特教的资源，或整合其他相关专业的资源。

板块五　实践活动：互动参与

普通班教师尤其是班主任是全校性介入的最前线工作人员。在三级预防工作中，普通班教师也是初级与次级预防工作的主导者。普通班教师如果能采取积极的班级经营措施，将可以有效预防普通学生的行为问题，也可以避免情绪与行为障碍学生在普通班级内的困难恶化。

一、普通班教师能做什么

1. 在班级内建立正向的人际互动关系

建立正向的师生关系与有效的师生沟通渠道，让教师可以随时了解情绪与行为障碍学生并表达关怀，情绪与行为障碍学生也可以随时向教师反映需求或接收教师的讯息。另外，营造正向的同学人际氛围，引导同学们建立互助合作关系，努力让每位同学在班级内均能交到朋友，尤其是一些交友不利的学生，需要教师在班级内积极地营造友爱的气氛。

同伴的干预和支持是促使情绪与行为障碍学生积极改变的一种有效方式。指导同伴帮助情绪与行为障碍学生减少不适当行为的策略如下：

（1）同伴监控。同伴要学会观察和记录情绪与行为障碍学生的行为，并且做出反馈。

（2）同伴对积极行为的报告。同伴要学会并加强对情绪与行为障碍学生积极行为的观察和报告。

（3）同伴指导。同伴要多和情绪与行为障碍学生在学业和社会技能方面进行交流，帮助他们掌握更多知识和技能。

（4）同伴对抗。同伴要学会对情绪与行为障碍学生正在发生的不适当行为进行恰当的分析，并给他们示范适当的行为。

大多数重度情绪与行为障碍学生经常游离于群体，还没有学会对自己的行为负责。对于教师来说，首要的也是最困难的挑战就是提升学生群体的凝聚力，促进群体内部互帮互助。

2. 有效的班级经营

制定明确的教室上课常规与程序，以及班级作息规则，随时评估班级经营成效，让学生参与改善班级和个人行为计划。情绪与行为障碍学生对于有效的班级经营需求比普通学生高，对于无效的班级经营也很敏感，就如慢性疾病患者对于正常生活规律的需求一样，因此，情绪与行为障碍学生在班级内所爆发的情绪与行为问题，反映出来的班级经营问题多于学生本身的问题。

3. 通过有效的教学提升情绪与行为障碍学生的学习动机

考虑情绪与行为障碍学生的兴趣和需求，运用有效的教学策略教导其重要的概念，随时评鉴并提供即时反馈，让其有成就感。对丁重要目标也应实时补救，不要让其落后太多。另外，妥善地安排学习环境和教材，以提升情绪与行为障碍学生的学习成效，必要时应根据其需求调整教学或作业要求，包括调整教材呈现方式和内容、调整作业或评量方式和分值，或是采用帮扶"小天使"帮忙或小组合作学习的方式等，以促进情绪与行为障碍学生学习的动机和效果。

4. 积极采取减少不当行为的措施

大多数课堂问题行为可以通过积极的行为管理来阻止。对于情绪与行为障碍学生的问题行为应分轻重缓急采取不同的应对措施，积极地教导其学习处理问题行为的方法，以代替不必要的处罚。主动应对策略是一种事先设计好的干预方式，可以在问题行为发生之前就制止。

主动应对策略包括：建构课堂的自然环境，例如让问题最大的学生坐在最靠近教师的地方；建立清晰的规则和对适当行为的期望；对情绪与行为障碍学生进行指导；用赞扬和正强化来激励情绪与行为障碍学生做出适当行为。

管理课堂环境应具备充分的知识和技能，教师必须了解何时及怎样运用行为矫正技术。例如：塑造（提供榜样、示范）、临时合同（与学生口头约定行为要求和奖惩方式）、消退（对破坏行为不予理睬）、对不同行为的区别强化（强化除不适当行为外的其他行为）、使用代币制、暂停（学生做出不适当行为后，被限制一段时间内不能接近强化物）、过度行为纠正（要求反思过度行为的危害性并进行补偿，例如，当一个孩子拿了其他孩子的东西，他必须归还，还要将自己的东西给那个孩子）。不能单独施行这些技能，而要综合运用到一个整体的建设性课堂管理计划中，才能起到好的作用。

在设计和实施班级管理策略时，教师必须慎重，避免使用强制的方法来要求情绪与行为障碍学生遵守规则，强制手段除了会引起学生的逃避行为外，并没有教会学生该做什么，只关注学生不做什么。

5. 积极地面对情绪与行为障碍学生问题挑战的关键是态度

上述策略是否可行或有效常取决于教师对情绪与行为障碍学生问题的看法，如果教师将这类学生的问题视为他们学习必经的历程，以及将帮助他们增进适应能力视为教师应尽的职责，那么这类教师对于上述策略的采用会异于那些将情绪与行为障碍学生问题视为不必要麻烦的教师。因此，策略是否有效，教师的态度是重中之重。

威廉·穆尔斯认为教师应该具备两种必要的情感特征：区别性接纳和同感关系。①区别性接纳要求教师能够接受学生频繁表现出的愤怒、憎恨和攻击，对他们的行为表现要给予理解而不是指责。当然，说比做容易得多，教师必须认清情绪与行为障碍学生破坏行为的实质，这种行为反映了学生过去所遭受的挫折经验、内心的纠结以及与他人曾有过的冲突。教师必须让他们认识到自己的反应是不适当的，要学会采用正确的行为方式。②教师和情绪与行为障碍学生同感关系的建立，需要教师有能力识别和理解这类学生表现出的许多非言语线索。这些线索是理解情绪与行为障碍学生个别需要的关键。教师应该直接而真诚地与他们进行沟通。这类学生中的许多人曾有与不真诚对待他们的成年人打交道的经历，这些成年人自以为能给这类学生一些帮助，但他们并未真诚地关心这类学生的需要和利益，或者总是错误地解读这类学生的需要，这将严重影响干预矫治的效果。

教师应意识到自己就是情绪与行为障碍学生学习的榜样。因此，教师的行为和态度显示出足够的成熟、自控和自信是非常重要的。理查德森和苏珀指出，教师可以适当地表现出幽默感，这样有利于和情绪与行为障碍学生建立良好关系、解决冲突，使他们能积极地参与学习，并帮助他们学会自我管理。教师如果过于严肃，可能引起情绪与行为障碍学生情绪上的爆发。

二、案例分享

案例：小明做作业

教学情绪与行为问题的认识和基本处理策略。

板块六　　拓展：资源推荐

推荐书目

［1］孟瑛如．看见特殊，看见潜能．济南：山东人民出版社，2012.

［2］原田正文，藤沼胜海．走入孩子的心灵·消除情绪障碍．李讴琳，张蕙，译．北京：中国纺织出版社，2003.

［3］甘开全．儿童情绪管理全书．苏州：古吴轩出版社，2018.

［注：本课内容主要参考"情绪/行为问题处理策略检核表"（引自迈克尔·刘易斯等人合著的《情绪心理学（第3版）》）、2012年台湾教育主管部门颁布的《身心障碍及资赋优异学生鉴定办法》。］

第❺课　学习困难，不是他的错

设计者：任振安（广州市海珠区知信小学）

指导者：吴小文（广州市海珠区教育发展研究院）

▶ 活动目标

（1）了解并掌握学习障碍群体的类型。

（2）了解各类学习障碍儿童的表现和心理特点。

（3）了解并掌握学习障碍群体的融合教育策略。

▶ 活动准备

活动设计、活动讲稿、活动课件、活动手册。

▶ 活动过程

课前小调查

（1）您所教的学生，有在学校的学习中感到特别困难的吗？

（2）这类学生是否害怕大声朗读、写文章或解决数学问题？

（3）进行体育运动时，这类学生是否较难完成体育任务或一些游戏活动？

　　虽然学生会时不时在家庭作业上遇到麻烦，但如果他在某个学习领域一直存在问题，这可能意味着他存在学习障碍。通过了解关于学习障碍的一些信息，可以让这类学生得到正确的帮助，克服课堂学习的挑战，并在生活中取得成功。

板块一　了解学习障碍儿童及其身心特点

一、学习障碍

1.基本定义

学习障碍是指儿童在学龄早期、同等教育条件下出现的学校技能获得与发展障碍。这类障碍不是智力发育迟滞，中枢神经系统疾病，视力障碍、听力障碍或情绪障碍所致，而是多源于认知功能缺陷，并以影响神经发育过程的生物学功能为基础，可继发或伴发情绪或行为障碍。

2.类型及特点

世界卫生组织《精神与行为障碍类别目录》将学习障碍描述为特定性学校技能发育障碍，包括特定性阅读障碍、特定性计算技能障碍、特定性拼写障碍、混合性学校技能障碍等。

（1）特定性阅读障碍。

人类的短期记忆主要是处理声音讯息，将视觉上的文字讯息转换为听觉形式，这样阅读才会产生意义。部分学习障碍儿童在语音解码方面有特别的发展性缺陷，这种缺陷使其无法将文字转换为语音，故出现阅读障碍。大部分学习障碍儿童会出现阅读困难。

（2）特定性计算技能障碍。

这类障碍又称"数学符号认识和运用障碍"。部分学习障碍儿童不能应用数学符号进行计算，特别是十以上的四则运算，严重者甚至连个位数也不能运算。有的患者会读错数字、写错数字或写错数字的顺序和位置；有些患者还伴有失语、失写和失认等症状。

（3）特定性拼写障碍。

大部分学习障碍儿童都伴有拼写方面的问题。拼写障碍大多与其他学习障碍类型有关，纯粹的拼写障碍甚少。通常包括写字障碍（握笔困难、字迹潦草、写错字体）和写作障碍（语句过短、文法及标点错误、文章组织拙劣、词不达意）。

（4）混合性学校技能障碍。

不同于学业、语言和认知上的困难，部分学习障碍儿童存在右半脑神经功能的缺陷，导致在社会、人际交往上有显著困难，包括对新的、非语文情境的适应，非语文符号和线索的辨识，以及人与人之间的沟通讯息有理解上的困难。其主要问题为：

①动作协调性不佳，有严重的平衡问题，做精细动作有困难。

②视觉空间组织有困难，缺乏形象概念，视觉编码能力较差。

③存在社交困难，无法理解非语言的沟通讯息，不懂得察言观色。

3. 学习障碍和懒于学习的区分

（1）学习障碍（不能正常完成任务）。

①特定的，不能完全用精神发育迟滞或综合智力的轻度受损解释。

②病情是始终恒定的，延续到成年。

③特定方面的成绩低于综合智力水平（取得的成绩明显低于相应智商的儿童）。

④对帮助的反应不大（家人或学校的帮助并不能很快缓解患儿的学习困难）。

⑤发育上的先兆：在上学前就出现发育延迟或偏离，而不是在受教育过程中受到损害（可参考患儿成绩发展史）。

⑥没有任何外在因素可充分说明患儿学习困难。

⑦不是未矫正的视听损害的直接后果。

（2）懒于学习（不想完成任务）。

受到家庭环境、学校教育、文化差异、心理因素等影响，可改善。

二、学习障碍儿童的主要表现及心理特点

1. 学习障碍表现

此类儿童的学习障碍表现主要为口头表达、说话理解、书面表达、基本阅读技能、阅读理解、数学计算及数学推理等方面的失常。从发育方面来看，主要包括语言、思维、记忆力、感知运动及其他方面的障碍，如语言障碍、思维障碍、记忆障碍、视力障碍、听力障碍等。

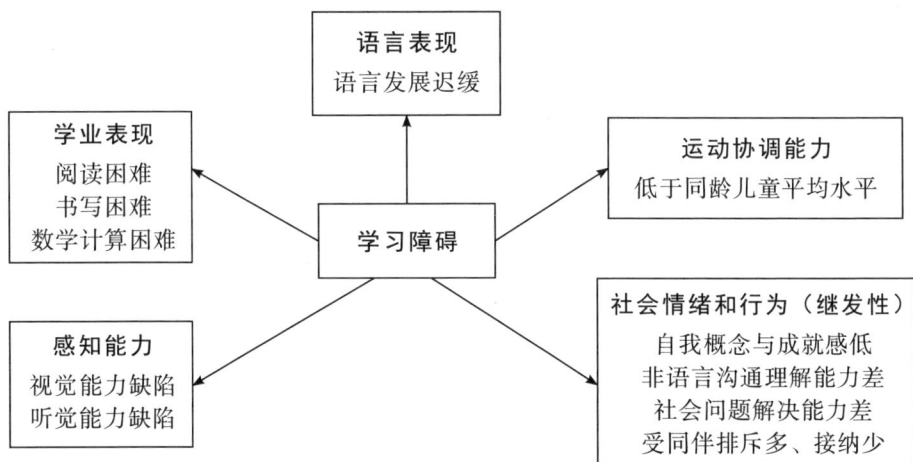

学习障碍表现

2. 心理特点

（1）情绪焦虑。

由于在学习方面遇到失败、挫折，学习障碍儿童常常缺乏自信，容易受外界的影响而产生焦虑情绪。他们行为任性、不遵守纪律，经常与同学发生矛盾，同学之间关系较差，遇到不顺心的事会莫名其妙地发脾气、大喊、尖叫。

（2）意志薄弱。

学习障碍儿童的意志较薄弱，做事常常缺乏主动性。例如，在参与学习活动时，学习障碍儿童会因为找不到铅笔就不做作业，也可能因为和同伴一起玩耍而忘了做作业。他们对于感兴趣的学习内容只会临时努力一下，对需要一定意志力完成的学习任务总是望而生畏。

板块二 学习障碍案例分享及帮扶

一、案例分享

个案 1

小杨同学学习积极，态度认真，但是在一年级语文拼音学习阶段，其学习效果明显比同班同学差，背诵课文时会比同学慢。主要原因是：在学习拼音时，阅读障碍影响了她的认知，使她对拼音的区分度低，在认读、背诵过程中也容易出现少字、跳字、认错字的情况。她背诵课文时，常是通过听背来识记，能力就会比同龄儿童弱。在数学学习上，她能在多次读题后读懂数学题的意思，但在抄写数字时，常会出现抄反数字导致出错的情况。三年级学英语时，她会出现认读和拼写单词困难的情况，背英语课文总是要用较多的时间去听背。她在其他科目的学习上就不会受太大影响，原因是专科学习阅读信息量不大，她就能较好地完成学习任务。

个案2

家在北京的吴女士不知道儿子小木出了什么问题："他的注意力特别容易分散，半天回不过神，做着做着作业就发呆。"别的同学看一眼能写好几个字，他看一眼只能写一个字。吴女士很着急，加上她是个急性子的人，看到小木的"差劲"表现，经常忍不住责备他。她说："一开始我不知道'读写困难'这个概念，就觉得他能力太差了。"其实，小木的表现是因为他有读与写方面的障碍。读写困难儿童是一个数量庞大的群体，据不完全统计，有10%的小学生存在不同程度的读写困难现象。[1]

个案3

在北京西城区上学的东东是一名读写困难儿童。读二年级的他会把 b 写成 p，写字左右写反，数字也会写倒，将 6 写成 9，将 63 写成 36；在阅读方面，东东也有困难，读一年级时，"阳光洒遍田野"这 6 个字，他半个小时也读不下来，即使读下来也是错误的。

二、对学习障碍学生的干预与帮助举措

1. 特定性阅读障碍学生帮扶

（1）画重点，将重点内容录音。

（2）利用辅助工具（如尺、笔等）帮助他们逐字逐行阅读。

（3）鼓励他们大声念出。

（4）提供摘要，概括段落大意。

2. 特定性计算技能障碍学生帮扶

知觉统合能力训练：鼓励他们多参加一些锻炼手眼协调的活动来提升感知能力，如跳绳、轮滑、乒乓球等。

---

① 李倩怡. 读写障碍儿童的小组工作介入研究：以"乐读写"多感官训练小组为例. 广州：广州大学，2020.

3.特定性拼写障碍学生帮扶

（1）请同学代记或抄笔记。

（2）以口语测验替代纸笔测验。

（3）加强听读训练，如同伴分享阅读等。

4.混合性学校技能障碍学生帮扶

（1）主要是培养学习兴趣，以鼓励为主，增强他们的自信心和学习动机，帮助他们改进学习方法。

（2）指导家长在家中有针对性地开展基本技能训练。

5.校园融合性活动帮扶

（1）营造融合班级氛围，向普通学生宣导学习障碍知识。

（2）同伴支持，如安排帮扶"小天使"等。

6.家庭支持帮扶

融合教育并未忽视家庭教育，家校合一是融合教育的重要条件。家长在多年陪伴孩子成长的过程中习得了很多方法，我们要善于利用家长的资源，虚心向家长学习有效的方法，最大限度地发挥家校合作的功能。可邀请家长到学校，作为孩子的学习伙伴，这样既能让家长获得成功的体验，又能更好地让孩子有个性地成长。

板块三　资源推荐

一、推荐书目

［1］萨莉·施威茨.聪明的笨小孩：如何帮助孩子克服阅读障碍.刘丽，等译.北京：北京师范大学出版社，2019.

［2］爱德华·哈洛韦尔，约翰·瑞迪.分心不是我的错.丁凡，译.杭州：浙江教育出版社，2024.

［3］斯诺，布恩斯，格里芬.预防阅读困难：早期阅读教育策略.胡美华，潘浩，张凤，译.南京：南京师范大学出版社，2006.

［4］刘翔平.学习障碍儿童的心理与教育.北京：中国轻工业出版社，2010.

二、推荐电影

《地球上的星星》《秘密情事》《天使的孩子》《小孩不笨》。

结 语

我们应正确了解学习障碍学生，接纳他们、尊重他们、关爱他们，让他们身心健康、快乐无忧地成长。

第❻课　多元生命，多彩世界

设计者：朱江（广州市第九十七中学）

指导者：吴小文（广州市海珠区教育发展研究院）

▶ 活动目标

（1）了解不同类型特殊需要儿童的身心特点。

（2）知道并掌握常用的特殊教育支持策略。

▶ 活动准备

活动设计、活动讲稿、活动课件、活动手册。

▶ 活动过程

板块一　认识特殊需要儿童

一、案例分享

个案 1

舟舟，原名胡一舟，1978 年出生在中国武汉。他是个唐氏综合征儿童，智力只相当于几岁的小孩子。舟舟从小偏爱指挥，每当音乐响起时，他就会拿起指挥棒，挥动手臂，像真正的指挥一样，直到曲终。他无师自通的指挥表演征服了观众。1997 年，纪录片《舟舟的世界》改变了这个智力障碍少年的命运。随后，舟舟受邀参加中国残联在北京举行的新春晚会，成为中国残联艺术团的重量级演员之一。"音乐的精灵"，有人这样赞美这位年轻的指挥家，他已成为人们眼中的励志人物。

个案 2

雅各布·巴内特，2 岁时被诊断患有阿斯伯格综合征。该病患者往往智力正常，但有严重的社交困难，行为刻板固执，动作笨拙不协调。在雅各布 3 岁半的时候，妈妈发现了他的"与众不同"：他可以顺利拼出一幅 5 000 块的超大拼图；在看过全国公路路线图后，能背出每条高速公路的名称、编号；能记住自己走过的每条街道，并用棉签在地板上绘制地图，毫厘不差。雅各布 8 岁自学大学课程，10 岁被知名大学录取，13 岁完成了反驳相对论的正确性论证，15 岁攻读量子物理硕士学位，拥有精彩人生。

二、特殊需要儿童的定义

1. 广义

普通儿童之外的儿童，大致包括四类：

（1）超常儿童，指在生理或心理上具有优越条件，聪明过人的儿童。

（2）低常儿童，指在生理或心理上存在不同程度的障碍，智力落后，不加特殊帮助就难以进行学习的儿童。

（3）缺陷儿童，指在身体上有明显严重缺陷（如视力障碍、听力障碍、语言障碍等）的儿童。

（4）问题儿童，指行为、品性异常而难以管教的儿童。

种种差异使这些儿童在没有特殊照顾和辅导的情况下不能与普通儿童一起使用普通教材同步进行学习，因此他们也被称为"有特殊教育需要的儿童"。

2. 狭义

身心发展上有各种缺陷的儿童，又称"障碍儿童""缺陷儿童"。

三、特殊需要儿童类型

在我国，特殊需要儿童类型一般分为智力障碍儿童、听力障碍儿童、语言障碍儿童、肢体障碍儿童、学习障碍儿童、多重障碍儿童、孤独症儿童、情绪与行为障碍儿童、视力障碍儿童等。

四、普校常见特殊需要儿童类型

普校常见特殊需要儿童类型有脑瘫儿童、智力障碍（精神发育迟滞）儿童、孤独症儿童、情绪与行为障碍儿童、学习障碍儿童等。

板块二 学习特殊教育支持策略

一、特殊需要儿童的共性问题

我们在普通教育学校的融合教学环境中，听到教师平时抱怨最多的是以下问题：情绪控制能力问题、指令执行问题、畏难心理问题、沟通效度问题、刻板行为问题、注意力分散问题。下面就每个问题行为谈谈应对方法和策略：

1. 情绪控制能力问题

（1）表现。

小学个案自控能力差，出现情绪失控问题，时常发脾气、大打出手。

中学个案的情绪障碍以焦虑、恐惧、抑郁、强迫症状为主要临床表现。主要发生在 15 岁左右的中学生群体。

（2）应对措施（重点）。

情绪未失控时：教学评量，了解个案情况，建立档案；营造友爱的融合班集体氛围；组建互助小组……

情绪失控时：将个案带离目前的环境，让其释放情绪；让个案熟悉的老师安抚他，如抱抱他；转移个案的注意力，提供其感兴趣的其他事物……

发生情绪失控但已恢复稳定时：让个案尝试管理班级事务；与个案订立契约；与个案的家长密切沟通，必要时请社工（心理老师）介入。

2. 指令执行问题

（1）表现。

个案对别人的话充耳不闻，沉浸在自身的思考或行动中。

（2）应对措施（重点）。

指令语要尽量简单、直接、明了，让个案能听明白。

教师应在个案完成上一项任务后，再适时发出下一项任务的指令。

教师应检查个案是否按指令要求完成任务。

教师发出指令后，如果个案有抵触情绪，可让他选择是否执行，或留有缓冲时间。

教师在发指令时，应与个案有眼神交流，或者做出动作提示。

（3）训练。

一边发出单一指令，一边让个案模仿→训练个案连续听指令→让个案学会听间接指令。

3. 畏难心理问题

（1）表现。

先天遗传和后天环境的影响，造成个案身体素质差、心理状态不稳定，行动上表现为不积极参与学习、意志薄弱，情绪上表现为紧张、自卑、沮丧、恐惧、胆怯。

（2）应对措施（重点）。

观察个案，适时调整教学策略，例如降低难度、分解任务。

正面引导个案，分析原因，提出实施计划。

多激励、表扬，让个案发现自己的闪光点，从而增强信心。

让班级形成帮带氛围，使个案感受到集体的温暖、教师的信任和同学的友爱。

教师与家长建立联系，多沟通，帮助个案克服畏难心理。

4. 沟通效度问题

（1）表现。

无法在社交活动中表现出恰当的沟通行为，在与他人的互动中感到极其困难，并影响到其他能力的发展。

（2）应对措施（重点）。

辅助性符号：如图片、实物、语音沟通板等工具。

非辅助性符号：如手势、手语、姿势、表情等。

游戏：增进个案的沟通意愿，提高其沟通主动性，有效减少其刻板行为，改善其沟通行为。

学科类教学：①体育教学：体育游戏、同伴互助、情景教学；②音乐教学：音乐游戏、唱歌、跳舞；③美术教学：命题绘画、合作绘画。

5. 刻板行为问题

（1）表现。

刻板行为并不是孤独症儿童特有的缺陷，在抽动症、强迫症、唐氏综合征、视力障碍、听力障碍等群体中同样可见。普通儿童也存在跺脚、咬指甲等刻板行为。只是与其他类型特殊需要儿童相比，孤独症儿童的刻板行为更频繁且持续时间更长。

（2）应对措施（重点）。

①前奏事件干预。

前奏事件干预就是在刻板行为发生之前对引发因素进行排除，或者转移个案的注意力。这就需要了解个案的各种行为，在下一个可能会出现的刻板行为发生之前尽快地清除可能诱因。这种干预方法对减少个案的刻板行为很有效。

②行为结果干预。

第一，消退法。这是使个案的刻板行为在得不到强化的情况下逐渐减少的一种行为改变技术。

第二，区别强化。通过强化个案的正确行为来减少其刻板行为。

第三，惩罚。让个案在每次刻板行为之后都得到这个令其厌恶的结果，其刻板行为就会变得越来越少。

6.注意力分散问题

（1）表现。

好动、坐不住；上课时无精打采或心不在焉；粗心大意；做事磨蹭；一心多用，有始无终；感知速度慢……

（2）应对措施（重点）。

缩短练习时间；增加练习次数；分段练习；玩迷宫、寻宝、猜猜看、辨识、手电筒写字等游戏；排除多余干扰；发挥同伴作用……

二、个别辅导（重点）

对于注意力不集中的特殊需要学生，多让他们玩魔方、夹球，阅读感兴趣的书籍，加强个别辅导，帮助他们调节情绪，放松心情，收获自信。

三、同伴互助（重点）

校内一起玩游戏，参与体验活动；一起学习，增进合作。周末时间一起做作业，互帮互助，共同进步。

同伴是特殊需要学生适应校园生活的重要"润滑剂"，同伴互助是特殊需要学生与普通学生建立友谊的"桥梁"。

四、班级活动（重点）

以班级活动为载体，在活动中自然渗透特殊教育。例如，开展校运会、素质训练，举办关爱特殊需要学生的主题班会，创设机会让其在班级活动中发挥作用、倾吐心声。要让班上的普通学生自我约束日常行为，例如不讲粗言秽语，避免特殊需要学生进行模仿。两者有着相互促进的作用。

五、校外活动

教师可带领特殊需要学生参加校团委、社区组织的暖冬行动和关爱流浪猫狗、关爱老人、捐赠校服等活动。家委会可组织周末亲子活动，多个家庭一起到户外郊游，中午让特殊需要学生自己买菜做饭，在活动中培养他们与人交往的能力，感受帮助别人的快乐，获得自信。

板块三 案例分享与资源推荐

一、案例分享

1. 教育诊断，建立档案

我带小昱去海珠区特殊教育学校做教学评量，发现其"好动""自嗨"是知觉动作、语言沟通、情绪行为等存在障碍的表现，于是我尝试根据特殊教育学校提供的《学校支持性方案》实施教学策略。

2. 巧用评价规范行为

我与小昱的陪读老师商定，让小昱每次下课后找老师在他的记录本上做记号，评价这节课的表现，表现好就打钩，达到一定分数后就给予奖励。

3. 游戏活动促进交往

在每节课的最后 8 分钟安排游戏活动，一来可以放松身心，二来可以增进小昱与同学间的感情。

4. 抓住兴趣，激发成功感

对小昱的体育课教学面临一个难题：平日的教学既要根据现行的中学体育教学课程标准制订普通学生的教学计划，又要考虑小昱的实际情况制定教学内容，如何才能更好地将两者有效结合呢？我尝试了四个方法：其一，激发体育学习兴趣；其二，强化体育学习成功感；其三，采用结构化教学；其四，同伴支持。

5. 集体合力培养健全人格

小昱正经历着青春期的躁动，他不知道用什么方式表达对同学的好感。于是我与班主任商量，组织一次关于"走进星星孩子的世界"的家长交流活动，邀请了小昱的陪读老师主讲，详细讲述这类孩子的症状、小昱读书和生活的经历等。活动现场的气氛非常活跃，家长们感触良多。慢慢地，小昱在这样包容的环境中变得越来越懂礼貌，渐渐有了自己的朋友圈。

二、资源推荐

1. 推荐书目

［1］张文京．特殊儿童个别化教学设计与实施．重庆：重庆出版社，2008．

［2］陆振华．随班就读管理与特教班建设．南京：南京大学出版社，2014．

［3］邓猛，颜廷睿．融合教育理论反思与本土化探索．北京：北京大学出版社，2015．

［4］申仁洪．从隔离到融合：随班就读效能化的理论与实践．重庆：重庆大学出版社，2014．

［5］张文京．融合教育与教学．桂林：广西师范大学出版社，2013．

［6］北京市教育委员会，北京市特殊教育中心．优秀随班就读课堂教学设计集锦．北京：中国轻工业出版社，2012．

［7］邢同渊．特殊儿童随班就读教育．北京：中国轻工业出版社，2015．

2. 推荐电影

《海洋天堂》《叫我第一名》《黑色的风采》《听见天堂》《雨人》《我是山姆》《地球上的星星》《天堂的颜色》《七十七天》《无名之辈》《玛丽和马克思》。

结语

还记得这么一句话：爱在左，智慧在右，走在生命路上，随时撒种，随时开花，将这一长途点缀得花香弥漫，使穿枝拂叶的教育者，踏着荆棘，不觉得痛苦，流着眼泪，却觉得幸福。作为教育者，我们要用发展的眼光，多层次关注特殊需要儿童的成长，为他们撑起一片蓝天，书写平凡而出彩的人生！

参考文献

卢乐山，林崇德，王德胜．中国学前教育百科全书：健康体育卷．沈阳：沈阳出版社，1995．

第 7 课　让融合教育在班里流行起来

设计者：薛伟文（广州市海珠区新港中路小学）

指导者：吴小文（广州市海珠区教育发展研究院）

▶ 活动目标

（1）了解并掌握融合班级的定义及特征。

（2）了解并掌握融合班级的氛围构建策略。

▶ 活动准备

活动设计、活动讲稿、活动课件、活动手册。

▶ 活动过程

板块一　话题导入，引出主题

一、互动交流，了解定义

（1）班级是学校的基本单位，通常由一位班主任、几位任课教师与一群学生共同组成。班级是学生成长的主要环境，对学生个体的发展具有直接的影响，而影响的好坏则与班级管理的质量密切相关。对特殊需要学生而言，班级、教师、同学对其的影响和意义较普通学生来说更为重要。

（2）提问：您知道什么是融合班级吗？

在学校里，由特殊需要学生和普通学生共同作为个体所构成的班级，就是融合班级。融合班级一般会有一位或几位特殊需要学生。融合教育所涉及的融合班级是为所有儿童提供教育的场所，必须向所有的普通儿童与特殊需要儿童开放。

二、交流互动，导入主题

（1）提问：您认为融合班级有什么特征？

出示关键点：包容、互动、共享、共赢。

（2）融合班级真正做到了将"社会公正"的思想付诸实践。在融合班级中，学生能亲身感受到"社会公正"的教育，而不仅仅是学习"社会公正"的课程。

出示宣导主题：融合班级齐创建。

板块二 聚焦融合，掌握策略

一、交流互动，聚焦融合

（1）提问：您知道融合班级的管理目的吗？

出示关键点：共存、共生、共享、共欣赏。

（2）融合班级追求的是每一个人的成长，包括教师、家长、普通学生、特殊需要学生。

二、讨论交流，学习策略

（1）提问：在融合班级管理中，您运用了哪些方法？

（2）融合班级人际关系管理策略。

① 师生关系管理策略。

出示关键点：树立融合教育观念；明确自身多重角色；尊重、理解、关爱学生；主动交往，善于沟通。

② 同伴关系管理策略。

出示关键点：促进普通学生对特殊需要学生的理解和接纳、培养普通学生与特殊需要学生交往的技能、引导普通学生运用有效策略协助特殊需要学生、训练特殊需要学生的社会技能。

（3）融合班级时间和空间管理策略。

①时间管理策略。

出示关键点：调整时间、拟订时间管理计划。

②空间管理策略。

出示关键点：空间规划、教室空间布置、座位安排。

（4）融合班级常规管理策略。

出示关键点：制定、执行。

（5）融合班级行为管理策略。

①提问：您知道特殊需要学生有哪些常见问题行为？

出示关键点：自我刺激行为、攻击行为、过度活动行为、不当社会行为、严重情绪困扰行为、生活自理异常行为。

②特殊需要学生问题行为分析。

特殊需要学生产生问题行为的原因通常是复杂的，在实施行为管理策略之前，必须首先明确引发问题行为的真正原因。学生类似的行为表现很可能由不同原因造成，而不同的行为表现也可能是同一原因所导致的。具体而言，教师要分析问题行为的表现、发生情境、潜在功能，最后做出结论性陈述——描述情境、行为及其后果之间的关系，从而找到问题行为产生的根源。

③特殊需要学生行为管理策略。

建立和强化良好行为时，选择正强化法、示范法、代币法、塑造法等。

消除或矫正不良行为时，选择消退法、负强化法、示范法等。

维持某行为或使某行为降到低发水平时，选择间歇强化法等。

板块三 案例分享，资源推荐

一、案例分享

果果是一名有轻度智力障碍的儿童。2018年，果果就读四年级，她的学业成绩较差，识字量也较少，十以下的加减计算需要数手指，英语就更不会了。但是，这个孩子喜欢跳舞，能够记住舞蹈动作。于是我鼓励她参加学校班级演唱会的舞蹈表演，让班里的文娱委员小玲负责教她。学校班级演唱会当天，果果与其他同学一起在舞台上演出，所有的动作她都记下来了，舞姿优美，赢得台下师生热烈的掌声。果果还参加了校运会的穿越呼啦圈亲子比赛，代表年级组参加庆祝国庆的文艺会演，参加了海珠区举办的第一届特殊需要儿童绘画比赛。如今，这个孩子已经顺利升上中学。我欣喜地发现，班里的学生并没有因为果果是特殊需要学生而嫌弃她、取笑她，每年的春游、秋游，都有孩子与她同个小组。我非常感谢之前的几位班主任营造了平等、支持、合作的班级融合氛围，不仅让这个特殊需要学生得到成长，还让班里的普通学生学会了接纳、包容，也在成长。

【播放相关视频】

二、推荐书目

［1］李芳，李丹.特殊儿童应用行为分析.北京：北京大学出版社，2011.

［2］雷江华，方俊明.特殊教育学.北京：北京大学出版社，2011.

［3］雷江华.融合教育导论.北京：北京大学出版社，2012.

［4］邓猛.融合教育实践指南.北京：北京大学出版社，2016.

结 语

校园文化是一种氛围、一种精神，对学生的人生观、价值观产生着潜移默化的深远影响。融合教育开展的基础是创建平等、接纳、尊重、合作的融合校园文化。每位师生都是融合校园文化的创建者，也都是融合校园文化的受益者。

第 8 课　融合教育课堂常用教学法

设计者：黄玉燕（广州市海珠区梅园西路小学）

指导者：吴小文（广州市海珠区教育发展研究院）

▶ 活动目标

（1）了解并掌握课堂中的融合教育方法。

（2）为班里特殊需要学生提供融合教育支持策略。

▶ 活动准备

活动设计、活动讲稿、活动课件、活动手册。

▶ 活动过程

板块一　了解概念　明晰分类

一、特殊需要儿童的定义

广义的理解，是指那些与普通儿童在各方面有显著差异的各类儿童。这些差异表现在智力、感官、情绪、肢体、行为或言语等方面，既包括发展上低于正常水平的儿童，又包括高于正常发展水平的儿童。

狭义的理解，专指残疾儿童，也就是身心发展上有各种缺陷的儿童，又称"缺陷儿童""障碍儿童"。

二、特殊需要儿童的分类

具体类别有智力障碍儿童、学习障碍儿童、听力障碍儿童、视力障碍儿童、肢体障碍儿童、语言障碍儿童、情绪与行为障碍儿童、多重障碍儿童、天才（超常、资优）儿童、孤独症儿童等。

在《美国特殊教育百科全书》中，特殊需要儿童被分为天才儿童、智力落后儿童、身体和感官有缺陷（视力障碍、听力障碍）儿童、肢体障碍及有其他健康损害儿童、语言障碍儿童、行为异常儿童、学习障碍儿童等类型。各个国家规定的特殊需要儿童具体种类数量和名称不尽相同，例如，美国的法令规定了11类，日本的法令规定了8类。

板块二　感知特点　加深认识

下面主要从梅园西路小学特殊需要儿童存在智力缺陷的情况来说明这类儿童在感官、行为、情绪、智力、言语等方面的智力情况和心理特点。

一、智力情况

梅园西路小学于1987年创办特教班，1987—2022年共有86名特殊需要儿童（包含特教班、随班就读、送教上门）。

梅园西路小学特殊需要儿童智力情况统计（1987—2022年）

智力障碍级别	分度	IQ	特教班		随班就读		送教上门	
			男	女	男	女	男	女
一级	极重度	20或25以下	5人	2人				
二级	重度	20～35或25～40	5人	2人				
三级	中度	35～50或40～55	7人	10人	3人	1人		
四级	轻度	50～70或55～75	17人	11人	15人	3人		
其他	智力正常				肢体障碍1人	视力障碍1人；听力障碍1人	肢体障碍2人	

注：IQ以韦氏儿童智力量表为依据。

二、心理特点

1. 智力落后儿童的感知觉特点

视力：智力落后儿童比普通儿童更容易出现视力损伤。

听力：智力落后儿童的听力缺陷发生率比普通儿童高。

触觉：智力落后儿童对冷热、疼痛的感觉一般不如普通儿童灵敏。

知觉：智力落后儿童的知觉速度缓慢、容量小、范围狭窄、不够分化、联系少，缺少知觉积极性。

2. 智力落后儿童的注意力特点

智力落后儿童不论在注意的水平还是本质发展上都要比普通儿童落后。智力落后儿童的注意集中度、注意广度、选择性注意、注意分配能力有明显障碍，注意缺陷是许多智力落后儿童学习困难的主要原因。

3. 智力落后儿童的记忆力特点

智力落后儿童识记缓慢，记忆容量小；保持差，易遗忘；再现困难且不完整。不善于或无法应用适当的学习策略和方法对学习材料进行组织、加工、编码。记忆目的性欠缺，有意识记性差。

4. 智力落后儿童的学习特征

大多数智力落后儿童在高级技能的学习上迁移能力很差，他们学习的动机水平低，学习需求多以低级需要为主。

5. 智力落后儿童的个性与情感

智力落后儿童学习不积极、不主动，缺乏认识事物的兴趣，不能够形成正确的自我评价，个性发展受限，做事缺少灵活性。

板块三 遵循原则 运用教法

一、对特殊需要儿童教学的基本原则

应及时对特殊需要儿童进行教育和训练，使其达到最佳康复水平，减少不良后果，得到全面发展，能够适应社会，获得平等的社会地位。

（1）生活化与人本化相结合。

（2）教育与康复相结合。

（3）直观性与体验性相结合。

（4）讲授与分层练习相结合。

二、常用教学方法介绍

1. 教学方法的定义

教学方法论由教学方法指导思想、基本方法、具体方法、教学方式四个层面组成。教学方法包括教师教的方法（教授方法）和学生学的方法（学习

方法）两大方面，是教授方法与学习方法的统一。教授方法必须依据学习方法，否则会因缺乏针对性和可行性而不能有效达到预期目的。由于教师在教学过程中处于主导地位，所以在教授方法与学习方法中，教授方法处于主导地位。

2. 教学方法的分类

根据不同标准，教学方法有不同的分类：

（1）按思想体系分类：如启发式教学法、注入式教学法等。

（2）按教和学分类：教法、学法。

（3）按信息传递分类：如直观方法、语言方法、实践方法等。

（4）按学科范围分类：如语文教学法、数学教学法、音乐教学法等。

3. 常用教学方法

（1）情境教学法。

①情境教学法的定义。

情境教学法是指通过日常生活、学习中的人、事、物实施教育教学。

②情境教学法的特点。

一是在情境中人是最真实自然的。

二是情境教学能增强学生的学习兴趣。

三是情境教学能给人以暗示，便于模仿。

③情境教学法的步骤。

一是选择情境。

二是调查和分析所选情境。

三是实施情境教学。

四是随机利用情境教学。

五是创设情境。

（2）工作分析法。

①工作分析法的定义。

工作分析法也叫任务分析法，是将一项复杂、连锁的行为技能分解成一系列简单的行为目标，以学生现有能力为起点进行系统教学。

②工作分析法的适用范围。

一些粗大动作、精细动作领域，以及生活自理、家务技能等。

③工作分析法的要求。

一是将教学目标依据从开始至结束的过程编排顺序。

二是每一步骤的说明力求简单、明了。

三是每一步骤只能包括一个动作，并且便于观察。

（3）游戏教学法。

①游戏教学法的定义。

游戏教学法是运用游戏的方式，将教学目的、内容融入其中，师生通过游戏活动，遵循游戏规则进行教与学。

②游戏教学的作用。

一是能促进学生的社会能力。

二是能促进学生的语言能力。

三是能促进学生的情绪发展。

③设计游戏教学的步骤。

一是了解学生的游戏兴趣。

二是了解学生的游戏水平和游戏能力。

三是设计游戏活动。

四是编排游戏规则及游戏结果。

五是安排游戏环境。

六是准备游戏材料。

（4）同伴教学法。

①同伴教学法的定义。

同伴教学又称"同伴辅导"，是学生之间相互施教、相互促进、共同受益的一种教学组织形式。

②同伴教学法的作用。

同伴教学是小组或一对一的个别教学，教学效果远远优于随班就读的班级教学。

（5）协同教学法。

①协同教学法的定义。

协同教学法是指由具有不同专长的教师组成教学小组，先由小组共同拟订教学计划，再由教师依据教学计划进行教学。

②实施协同教学的好处。

一是充分发挥每个学生的个性。

二是实现教学形态弹性化。

三是提升教师群体的教育力量。

③协同教学的形式。

单一学科协同；多学科协同；跨班级协同；跨年级协同；跨学校协同；跨学年协同。

第 9 课　学校融合支持体系的自构建

设计者：钟春玲（广州市海珠区宝玉直实验星悦小学）

指导者：吴小文（广州市海珠区教育发展研究院）

▶ 活动目标

（1）认识融合教育学校的特点，了解学校融合支持体系。

（2）通过案例、书籍加深对融合教育政策的理解。

▶ 活动准备

活动设计、活动讲稿、活动课件、活动手册。

▶ 活动过程

板块一　了解概念，明晰特点

融合教育学校的特点：

（1）特殊需要学生在普校进行随科融合和随班融合。

我们利用随班就读和特教班两种安置形式的优势，结合特殊教育课程内容等多方面因素，率先在普校开展针对特殊需要学生实际情况进行随科融合和随班融合的实践探索，旨在促进特殊需要学生个人能力发展并帮助其融入主流环境。随科融合和随班融合既能做到融合环境相对稳定，又能使学习内容切合学生实际，不但避免了随班就读所有学科课程"一刀切"的缺点，而且能满足特殊需要学生回归主流环境接受融合教育的需要。

（2）师生家长多边互动，立体多元融合。

学校积极推动融合活动，为特殊需要学生招募助学伙伴，鼓励家长积极参与学校融合活动，带领学生回归社区。家长参加学校组织的各种培训，例如学生青春期性教育家长培训以及广州市扬爱特殊孩子家长俱乐部为家长设计的一系列课程。学校通过各种活动对家长进行宣导，例如，在全校家长会上，学校请华南师范大学教授为家长进行融合教育宣导，让他们逐步接受普特学生的双向互动以及普特教师的交流联动，积极创设环境促进家长之间的相互交流。融合不仅体现在相关人员彼此关系的建立上，也体现在学校课程体系、社会实践活动体系、家庭教育体系的构建上。

板块二 完善支持保障体系

一、完善基础设施建设，夯实融合教育基础

特殊需要儿童获得环境信息的能力受到一定限制，掌控环境信息变化的能力不足，因此我们需要创造适合他们的环境，帮助他们去适应环境。融合教育的第一步应从改变环境开始。北京师范大学特殊教育研究所王雁教授认为，孤独症儿童所处的教室不宜过大，但要通风透气、光线适宜。于是我们对教室的空间进行功能分区，将墙壁涂成淡淡的暖色调，这样有助于提升视觉效果，给人安全宜人的感觉。室内的设施都充分关注到安全性能，例如，选取圆角、可调节高低的塑料课桌，防止学生磕碰受伤，适合学生的不同身高等。

有专家研究发现，有些孤独症儿童表现出"视觉优势"的特征，相对于其他方面的信息，他们更加擅长对视觉信息的获取和处理。这可能是因为他们的视觉接收系统先天就优于听觉接收系统，听觉信息是流动不断变化的，而视觉信息是固定不变的，更容易处理。视觉支持可以很好地补充语言教学，因此，在教室的环境布置中，我们更注重颜色、图片、照片、流程表等的使用。有的学生难以分辨白板上的文字，容易分心，我们就专门选用了墨绿色的黑板，对其他器材我们也刻意避免过于刺眼的色彩。

部分孤独症儿童对声音敏感，尤其会对突然发出的噪声、高频率的声音以及复杂多变、多种声音混杂的噪声感到非常不适。于是我们在建设特教班教室的时候，就有意识地将其安排在学校相对比较安静的地方。

除了特教班教室的建设之外，在学校的硬件建设方面，我们也针对有趣性、安全性、多功能性、沟通性等方面进行设计，充分考虑特殊需要学生的需求。

二、健全学校激励制度，聚力融合教育实践

在普通教育学校开展融合教育，需要学校全员参与，要有协同合作的团队精神，更要有共同的文化价值观。进行融合教育并不是单个老师的任务，而是一个集体的责任。

首先，在进行顶层设计时，应明确优先发展融合教育。此外，特教班的教学，需要调动全校师生资源，包括组建教研团队、寻找助学伙伴等。在初级阶段，可通过制定规范、系统的学校制度来保障融合教育的开展。为此，我们首先是在学校章程中指出："学校开设特教班，开展融合教育。"学校章程是对学校重大问题做出全面规范且相对稳定的自律性文件，在学校内部管理工作中具有指导性和规范性作用。我们将融合教育工作正式列入了学校制度。

其次，制定激励制度，引导融合教育发展。第一，奖励参与融合教育的教师。从课时津贴、评先评优、绩效工资、成立融合科组、骨干教师培养到干部提拔任用，优先考虑资源教师。第二，在教师学习制度上增加了融合教育的必学内容，对教师外出参加有关学习的申请优先批准。每学期安排不少于两次融合教育专题的全校性交流和学习，让每一位教师认识、理解从而支持融合教育。第三，开展教育教学时要求兼顾融合教育。我们要求学校各项活动必须考虑特教班同学的参与。例如，在全校性的国旗下讲话活动中，每学期必须有不少于一次关于融合教育方面的话题。教导处、德育处等部门制订的学期计划以及开展的各项活动，除特殊情况外，必须考虑融合教育的要求。除了融合教育教研组的教师之外，其余班级和教师亦有接纳特殊需要学生到班里开展融合教育活动的责任。我们通过这些制度的制定和执行，逐步消除了师生和家长对特殊教育的顾虑，在实践中也感受到融合教育给学生带来的好处，学校融合教育工作开展顺利。第四，积极培养融合教育教师，不断提升其专业能力。学校成立了钟春玲融乐创新工作室，工作室在校长和海珠区各位专家的指导下开展融合教育相关活动。工作室成员积极参与科研课题，并成功立项"融合教育下有效劳动教育课程教学与评价的研究"。工作室成员还积极承担融合教育公开课，与海珠区的教师开展学习交流。

三、开展校园融合活动，拓展融合教育途径

1. 招募助学伙伴，寻找助学班级

为了帮助特教班的学生更好地学习和活动，我们在全校范围内招募助学

志愿者和寻找助学志愿班级，跟特教班的学生组成助学小组和助学班级。助学伙伴跟特教班的学生一起学习早操、自编操、眼保健操，帮助他们出墙报，在大课间的时候协助他们一起进行锻炼活动。在外出春游秋游、参与社会实践的时候，助学伙伴会与特教班的学生组成安全小组和协作组进行活动。助学班级则为特教班的学生提供以班级为背景的学习、锻炼活动场景。

2. 开展融合活动

例如，举办科技节、体育节、艺术节、读书节等活动，组织春游秋游、社会实践活动，大队部开展少先队活动，队部融合、培养队干，都会邀请特教班的学生一起参与。我们在艺术节活动上，展示特教班学生的电脑绘画、手工制品等；在体育节开幕式上，邀请特教班的学生在现场进行拍打篮球的展示。我们还邀请特教班的学生跟普通班的学生一起做榄雕，做升旗手和加入国旗护卫队，参与非遗文化进校园之中医药进校园宣传教育活动，参加第一届海珠区融合体育运动会并拿到多个奖项。

3. 强化家长参与融合

联合国教科文组织《特殊需要教育行动纲领》提出：实现对有特殊教育需要的儿童进行成功的教育这一目标，不仅仅是教育部和学校系统的任务，还要求有家庭合作、社区与志愿组织的发动以及广大公众的支持。对于普通学生的家长，我们要从学校及班级层面加强宣传和教育工作，提升他们对特殊需要学生及融合教育的认识。我们也遇过有学生很乐意做助学伙伴而其家长坚决反对的例子。在与这位家长反复沟通并邀请他跟其他助学伙伴进行交谈后，他才逐步转变思想。在新生入学的家长会上，我们会向家长们进行这方面的宣传，因而他们基本能够正确认识并支持学校的融合教育。我们还邀请家长参与学校组织的融合夏令营和亲子冬令营活动，积极推进海珠区四所普校特教班学生的幼小衔接工作。

4. 安排社区融合课程

融合教育不能闭门造车，相反，特殊需要学生需要回归社会，融入主流环境，因而必须采用开放性的融合策略。回归社区，参与力所能及的社区活动，是融合文化的重要内容。我们跟社区的一些机构、组织、商铺人员等进行了密切联系，争取他们的支持和配合。例如，我们在特教班的课程中安排每周用一个上午时间，带着学生到街道派出所、文化站、综治办、社区居委会以及学校附近的便利店、小食店等进行社会实践活动，提高他们参与社会活动的能力。我们正朝着"以社区为课堂，以生活为教材，以民众为教师，学校教学与社区教学相结合，突破学校围墙和特教体系双重自我封闭"的方向努力。

板块三　案例分享与资源推荐

一、案例分享

个案1

小黄患有阿斯伯格综合征，他刚刚来到学校的时候，上课时总是比其他同学更积极发言，回答的准确率也极高，但有时候他会故意做一些伤害自己的事情，想要引起老师更多的关注。

基于小黄自身比较优秀，单纯的特教班教学无法满足他的需求，我们就根据他的优势以及所擅长和感兴趣的科目给他安排随科融合。小黄喜欢跳舞，我们就尝试让他和学校的舞蹈队一起训练。他喜欢画画，我们就让他和普通学生一起上美术课。舞蹈课的老师说，小黄的形体不算很好，有些驼背，在训练的时候他的动作并不是很美，但他很自觉，每次都要比别人去得早、走得晚，回家之后还经常和老师联系，拍摄在家练习的舞蹈视频给老师看，主动让老师纠正。慢慢地，小黄的心情开朗了，舞蹈队的严格训练以及美术课上在普通学生帮助下的静心练习，让他的性格逐渐变得没有以前那么极端，他变得懂事了。这些进步离不开兴趣对他的影响，更离不开融合教育过程中普通学生对他的影响。最后，小黄顺利考上职中启能班继续学习。

个案2

小杨第一次参加普特融合活动是在 2016 年暑假的融合夏令营。上课时，与小杨结对的一个特殊需要孩子一直在手舞足蹈，没有认真听课，她就帮忙把他的手放回桌子上，示意他坐好听课，结果被他很用力地抓住手不放，小杨因此被吓哭了。

经过几次普特融合实践培训，小杨已经成为一名优秀的助学伙伴。在这个学期的培训中，她负责帮助一个患有普瑞德－威利氏症候群（俗称"小胖威利"）的特殊需要女孩。这个女孩性格比较古怪，喜欢发脾气。整个活动中，小杨给予她耐心的指导，下课拉着她的手，带她上洗手间，带她熟悉校园。在南沙区开展的普特融合农耕实践活动中，小杨主动提出负责组织特殊需要孩子进行游戏，积极与每一个特殊需要孩子沟通交流，给他们提供指引和帮助。

后来，小杨的家长跟我们反映，自从孩子参与了助学伙伴的融合活动之后，变得更加体贴、包容，会主动关心、照顾家人了，看到她的这种转变，家长非常高兴。

二、推荐书目

［1］吴淑美.融合教育理论与实践.北京：华夏出版社，2018.

［2］吴淑美.融合教育教材教法.北京：华夏出版社，2018.

［3］贝丝·奥纳，贝丝·伯特，彼得·热纳罗.融合学校问题行为解决手册.陈娟，译.北京：华夏出版社，2018.

［4］贝丝·奥纳，贝丝·伯特，彼得·热纳罗.融合教室问题行为解决手册.张雪琴，译.北京：华夏出版社，2018.

第⑩课　沟通，让家校融合升温

设计者：薛伟文（广州市海珠区新港中路小学）

罗绍先（广州市海珠区逸景第一小学）

指导者：吴小文（广州市海珠区教育发展研究院）

▶ 活动目标

（1）了解融合教育中家校合作的定义和现状。

（2）了解影响家校合作的因素，掌握家校合作的融合实施策略。

▶ 活动准备

活动设计、活动讲稿、活动课件、活动手册。

▶ 活动过程

板块一　话题导入，引出主题

一、话题导入，了解政策

2020年《教育部关于加强残疾儿童少年义务教育阶段随班就读工作的指导意见》中指出："要将随班就读纳入当地普及义务教育的整体工作中，统筹谋划，一体推进，实现应随尽随并不断提升随班就读质量。"学校教育是特殊需要学生学习成长的重要环境，是提高学习能力、培养自信、养成好习惯的主要渠道。

二、交流互动，导入主题

提问：如何有效开展特殊需要学生的随班就读工作？

有特殊需要学生的班级，要积极获取家长的支持，班级教师和特殊需要学生的家长应该默契配合，为特殊需要学生制订个别化教育计划和教育措施，并在教师的指导下对特殊需要学生进行个别化教育辅导，包括学科课程的补救教学、学习方法的指导、问题行为的矫治和心理障碍的疏导等。

板块二　聚焦现状，探究策略

一、交流互动，聚焦现状

提问：特殊需要学生的家长在学校教育中的参与情况是怎样的呢？

展示资料：特殊需要学生的家长在"对家长参与重要性的理解""家长主动""教师主动"三个维度上明显高于普通学生的家长。

二、深入分析，了解原因

提问：哪些因素影响了普通教育学校随班就读学生的家长的参与态度呢？

（1）家长的受教育程度。

（2）家长对随班就读教育形式的认识。

（3）家长对不同类型教育活动参与程度的差异。

（4）随班就读学生的家长之间的相互影响。

三、讨论交流，学习策略

1. 创设接纳的环境，杜绝对特殊需要学生的歧视

（1）一些特殊需要学生在学校里出现攻击他人的行为，与其受到同学或者教师的歧视、不被接纳有关。

（2）保持家庭成员关系和谐，给予特殊需要学生关注和爱。

（3）教师通过正向反馈加强家长的教育信心，以支持性方法促使特殊需要学生更加健康、顺利地成长。

2. 提高家长的认识

（1）指导家长参与所在区的家长课堂，以提高认识。

（2）学校定期召开随班就读的特殊需要学生家长会，为家校沟通搭建平台，同时也为家长提供各种学习平台。

（3）指导家长参与个别化教育计划的实施。

3. 为随班就读特殊需要学生及其家长提供参与的平台

（1）参与海珠区融合教育运动会。

（2）随班就读特殊需要学生参与班级和学校活动。

（3）随班就读特殊需要学生的家长加入班级委员会和校级家长委员会。

（4）鼓励家长陪同孩子参与班级和学校活动。

4. 提高沟通技巧

（1）针对解决具体问题的沟通分享。

①重视交流的前奏和铺垫。

②以情感人，以理服人。教师与家长有效沟通的基础是对学生的爱。家长都是爱孩子的，只不过他们爱孩子的方式和教师的方式不同罢了。这就需要教师和家长之间加强沟通。

③注意沟通后的反馈追踪。教师在与家长沟通后，要注意了解家长的感受和反馈，并在此基础上总结经验，增强专业自信。

（2）针对促进家长积极参与的沟通分享。

①备好"见面课"。

当教师需要家长配合时，一定要像上课前备课一样做好准备，明确家长来学校的时间、见面地点、跟家长说话的内容、通过交流想达到的目的等。还要准备学生学习情况的相关资料，做好测评。

②换位多夸赞。

教师在与家长交流时，要多站在家长的角度考虑问题。"如果我是家长，我需要老师什么样的帮助"，这样的思考就能让自己和家长有相同的站位。交流时不妨先说说学生的优点，实际上，表扬学生也就是在肯定自己和家长的付出。在良好沟通的前提下恰当地指出学生的问题，会让家长感到教师不是在告状，也不是在推卸责任，而是真正为学生好。

③真诚出主意。

教师可以从主观上多剖析自己，与家长交流自己的困惑，这样会让家长感到教师是真诚、可靠的，他们也会更加信任教师。此时教师再真诚地帮家长想办法解决问题，家长会认为教师确实是在帮助自己和孩子，如果再不配合，于情于理都过意不去。家长是学校教育的参与者，只要教师修炼了让家长信服的专业素养，就能和他们组建教育同盟军。

板块三　分享交流，资源推荐

一、分享交流

共同交流本课所学内容。

二、推荐书目

［1］甄岳来，李忠忱.孤独症社会融合教育.北京：中国妇女出版社，2010.

［2］邓猛，等.中国残疾青少年社区融合与支持体系.北京：北京师范大学出版社，2015.

［3］申仁洪.从隔离到融合：随班就读效能化的理论与实践.重庆：重庆大学出版社，2014.

［4］李泽慧.特殊儿童的优质教育：全纳教育培训手册.南京：南京师范大学出版社，2013.

第⑪课　资源教师与资源教室

设计者：吴园华（广州市海珠区宝玉直实验星悦小学）

指导者：吴小文（广州市海珠区教育发展研究院）

▶ 活动目标

（1）了解资源教师的职责。

（2）认识资源教室的功能。

▶ 活动准备

活动设计、活动讲稿、活动课件、活动手册。

▶ 活动过程

资源教师

板块一 了解概念，掌握类型

一、资源教师的定义

资源教师又叫"支援教师"，是指规划、建设、运用和管理资源教室的特殊教育以及相关专业人员。资源教师是资源教室工作方案的主要实施者，是特殊教育和普通教育沟通的桥梁，其职责是对特殊需要学生进行个别辅导、补救教学，向普通班级教师和家长提供咨询与支援服务。

二、资源教师的类型

1. 特殊教育专业的资源教师

此类资源教师是指有特殊教育师范专业背景，或受过特殊教育专业培训，具有丰富的特殊需要学生实际教学经验，在各类课程和个别化教育方面具有专业优势的教师。

2. 相关专业的资源教师

此类资源教师是指为特殊训练服务的专业人员，如言语训练师、物理治疗师、作业治疗师、心理咨询师、行为矫正师等。

3. 辅助技术专业的资源教师

此类资源教师是指具有丰富的电化教育技术、科技辅助技术的专业人员。

三、资源教师的基本素养

一名合格的资源教师，既要师德高尚、关爱学生、热爱本职工作，又要有一定的特教专业知识和技能，还要有一定的普教和特教实践经验。其基本素养表现在以下方面：

（1）资源教师要掌握先进的教育理念，具备良好的教学素养，善于哲学思考，富有教育之爱。在工作中，善于应对各种教育情景、驾驭复杂局面；具有敏锐的教育洞察力、灵活的教育智慧；具有针对学生不同情况因材施教的能力；能接纳具有各种个性特征的学生，并给予人性化关怀。

（2）资源教师要具有扎实的心理学基础和教育学、课程论、教学论的理论修养；具有扎实的学科教学的基础知识和技能；具有根据课程、学生和环境确定最佳教学模式的能力；具有利用现代教学理念、高科技教学资源，依据学生能力特点来设计教学活动的能力。

（3）资源教师要具有丰富的教学经验；具有较强的合作和沟通能力；具有处理学生心理需求、情绪问题及不良行为的技能、技巧。

板块二　做好管理，开展工作

一、资源教师工作要点

1. 注意与主管领导协调

校长和分管随班就读工作的领导是开展好此项工作的主心骨，他们的关心和支持能帮助资源教师更好地开展工作。资源教师要积极主动地向他们汇报工作，征求意见和建议，力求得到支持和帮助；对于工作中遇到的困难，要及时向上反映，想方设法克服。

2. 多与班主任和任课教师接触

随班就读的特殊需要学生人数少，在一所较大的学校里他们往往分布在许多班级，一般每班有 1~2 人。因此资源教师所接触的班主任和任课教师也就较多，这就要求他们多与班主任和任课教师接触，特别是从班主任那里可以了解到学生多方面的情况，如智力情况、道德品质、学习能力、交往能力、生活自理能力、家庭情况等，便于制订较符合实际的个别化教育计划，以顺利开展辅导和训练工作。

3. 做好特殊需要学生的家访工作

教育特殊需要学生，资源教师还必须得到家长的理解和支持。由于孩子有生理或心理障碍，家长往往心情复杂，情绪容易冲动，或是自暴自弃，或是态度生硬。资源教师要让家长看到希望，感受到自己的真诚关怀。家长的积极配合及信任支持，将对孩子的将来产生重大的正面影响。

4. 建立友好平等的师生关系

特殊需要学生由于平时听到的呵斥、批评较多，会用审视、怀疑甚至对立的态度来观察资源教师。为了更好地开展工作，资源教师要与他们平等相处，并尽可能创造机会让他们体验成功，培养他们的自信心，让他们能积极主动地来资源教室参加辅导和训练。

5. 辅导

很多普通教育学校对特殊教育、如何开展随班就读工作、随班就读有哪些相关文件规定、测评申报随班就读有哪些步骤不是很明确或了解甚少。这就要求资源教师充分发挥作用，认真做好业务咨询辅导工作，特别是对一些随班就读政策法规的贯彻落实，多向学校领导提供意见和建议，并随时向有需要的家长提供咨询服务。资源教师要努力丰富与自己工作相关的理论知识，可购买有关书籍与资料，便于其他教师和家长借阅参考。同时，资源教师要根据个别化教育计划，积极落实特殊需要学生的个别辅导，做到定时、定人、定内容，并做好个别化教育辅导和训练记录。

二、资源教师特定要求

1. 专业要求

特殊教育、心理学相关专业，能独立完成课题研究；或者经过一定学时的专业培训，取得上岗证书；或者有一年以上资源教室工作经验。

2. 待遇

享受特殊教育教师津贴。

三、资源教师的职责和权利

（1）负责对普通班级教师转介来的学生进行相关评量。

（2）在学生入班两周内，根据其评量结果，会同普通班级教师共同拟订个别化教育计划。

（3）根据学生的个别差异和需要，选编适当的教学材料和制作实用的教具。

（4）根据学生的需要进行个别辅导。

（5）加强与原班教师和学生家长之间的联系，为他们提供必要的咨询服务及追踪辅导。有能力的资源教师还可以开展巡回指导服务，为本区有随班就读特殊需要学生班级的教师提供咨询和指导。

资源教室

板块一 了解概念，明晰特点

一、资源教室的定义

资源教室即在普通教育学校或特殊教育学校建立的专用教室。它是集课程、教材、专业图书学具、教具、康复器材及辅助技术于一体的专用场室，具有为特殊需要学生提供咨询、教育心理诊断、个别化教育计划、个案管理、学习辅导、补救教学、康复训练和教育效果评估等多种功能。

二、资源教室的功能

资源教室的建设旨在满足学校特殊需要学生（如智力落后、学习困难、情绪与行为障碍、孤独症、资优学生等）的教育需求，为其提供教育评估与训练的场所和设备。同时，资源教室可为教师提供特殊教育专业发展空间，也可为特殊需要学生的家长提供咨询服务。一般来讲，资源教室的主要功能有以下七项：

（1）个案管理：以个别化教育计划为核心展开的管理工作。包括咨询、安置、教育诊断、与普通班级教师一起拟订和实施个别化教育计划等。

（2）学习训练：对各类特殊需要学生进行个别教学、辅导、训练和安排独立学习、完成作业等学习、训练活动。

（3）康复训练：对有语言、动作、行为、肢体等康复训练要求的学生进行有计划的康复训练。

（4）心理咨询：为有需要的个别学生进行补救训练和必要的咨询辅导。

（5）巡回辅导：资源教师利用资源教室的设备与资料，向普通班级教师与学生提供技术支持和辅导。

（6）集聚资源：资源教室是学校的特殊教育信息和资源中心。其他教师和有关教学人员可以通过资源教师使用资源教室的特殊教育设备、器材、书籍、刊物、资料等，在资源教师的帮助下设计教学活动、使用教学软件，充分利用所有特殊教育资源。

（7）转介服务：包括校内转介和校外转介。校内转介是指校内的教育安置和弹性调整；校外转介是指毕业转介、转学转介、专业转介（将学生转介给不同的专业人员或邀请有关专业人员实施多学科诊断或介入）等。

三、资源教室建设的基本要求

（1）要有固定的场地：确定的专用场地；不能与会议室、多功能教室、专用教室、图书馆、阅览室等共用；必须保持其稳定性，不能轻易变更。

（2）基础设施（包括房间墙面、地面、门窗、通风、采光、换气设施等）要达到特殊教育学校的教室建设标准，特别要考虑安全因素。

（3）要有固定的工作人员：要设置1~3名资源教师的编制；资源教师必须持有教师资格证书；资源教师必须经过一定学时的专业培训，取得上岗证书，或有一年以上资源教室工作经验。

（4）要有固定的资源：在资源教室的建设中，要留有充足的资金购置各种教育、教学资源，康复训练资源。组织有经验的教师、特教工作者搜集、整理、研制各种教育资源。既要保证资源的数量能够满足需要，又要注重质量，保证资源的有效性和安全性。这些资源可以分为测查评估专业资源，图书音像资源，学具、教具、玩具资源。

（5）要有固定的工作任务：资源教室建成后，要根据本校特殊需要学生的情况，制订资源教室运作方案和工作计划，完善工作程序和工作内容，避免临时性和随意性。

板块二 合理规划，充分利用

可以根据学校的基础设施、投资数额、学生数量、所需功能等方面条件，规划建设不同类别、不同规格的资源教室。

资源教室的一般分类

类别	面积	数量	功能区
一类资源教室	100～120平方米	2～4间	办公区
			接待区
			诊断/咨询区
			观察/训练区
			康复训练区
			教学资源区
			阅读/会议区
			信息资源采集编辑区
二类资源教室	60～100平方米	1～2间	办公区
			会议/接待区
			诊断/咨询区
			观察/训练区
			康复训练区
			教学资源区
三类资源教室	60平方米以下	1间	办公/接待区
			学习/训练区
			教学资源区

资料来源：许家成，周月霞．资源教室的建设与运作．北京：华夏出版社，2006.

资源教室功能区设置说明：

（1）办公区：用于资源教师办公的区域，包括档案管理、业务工作管理、处理日常事务等。

（2）接待区：用于接待学校教师、学生的家长、特殊需要学生等来访或研究工作，咨询有关事宜；接待校长和上级领导前来检查等。

（3）诊断／咨询区：用于对学生的初步教育诊断、教学评量、各种生理功能的测查与测试、心理咨询等。

（4）观察／训练区：用于观察学生的行为、动作、学习习惯、学习状态等；用于对学生的辅导教学、补救教学、学习技能训练、语言听力训练和学生完成作业、独立学习、小组合作学习等。

（5）康复训练区：组织各种小组康复训练、实施个别康复训练、与家长配合为学生进行康复训练、学生锻炼身体和玩游戏等。

（6）教学资源区：储存、保管各类教育、教学资源。收集整理、研制教具、学具、玩具等资源。研制各科教学和辅助教学的课件资源。

（7）阅读／会议区：平时用于学生和教师、家长查阅资料，阅读书籍和刊物。有需要时用来召开小型会议、研究安排工作、进行教研组活动、集体备课等。

（8）信息资源采集编辑区：采用专用设备进行信息采编、整理、制作、复制、储存等工作。

板块三 健全设施设备，教室分门别类

资源教室的一般设备

常规设备	桌椅：办公桌椅、接待桌椅、学生桌椅、会议桌椅、电脑桌椅、特制桌椅
	柜：资料柜、书柜、教具柜、学具柜、档案柜、电视柜
	置物架：图书杂志架、玩具架、小型康复器材架、学生作品展示架、衣帽架
办公设备	文书用品
	电话
	电脑
	打印设备
	复印设备
视听设备	电视机
	音箱
康复训练设备	各类小型康复器材（根据需要随时添置）

资料来源：许家成，周月霞.资源教室的建设与运作.北京：华夏出版社，2006.

资源教室的资源类别

测查评估专业资源	诊断与评估工具类
	心理量表类
	学习诊断工具类
	视力、听力测查工具类
	问卷调查工具类
	课程评估工具类
	各类测查评估参考书
图书音像资源	特殊教育专业图书：特殊教育学及相关图书，特殊心理学及相关图书，各级、各类特殊教育的规划、政策、规定等文件，特殊教育的教育、教学经验、论文集，特殊教育学校的教材（含校本教材），其他有关图书和杂志
图书音像资源	普通教育专业图书：教育学及教育理论图书，心理学理论与实际应用图书，教育部门制定的有关规划、政策、规定等文件，幼儿教材及低幼读物、儿童读物
	有关教师专业用书：教师特殊教育培训用书，教师教育、教学用参考书，现代教育技术图书
	音像资源：教育类，康复类，人文类，特殊教育培训类，特殊教育相关教育、教学经验类，音乐治疗类，欣赏类
学具、教具、玩具资源	教学类
	康复类：听障语言康复训练用具、肢体康复训练用具、感觉统合训练用具、精细动作训练用具

资料来源：许家成，周月霞. 资源教室的建设与运作. 北京：华夏出版社，2006.

板块四　做好管理，合理利用

做好管理工作是保障资源教室按照规程正常运作的关键。资源教室的管理工作包括设备管理、资源管理、档案管理、学生管理、业务工作管理等。做好管理工作的主要措施有：明确学校领导班子中的责任人，规定其主要责任；制定明确、详细、严格、责任分明的管理制度；选择责任心强、有工作能力、身体健康的管理人员；经常检查管理工作的情况，查漏补缺，完善管理工作。

学校资源教室的管理工作主要包括以下内容：

1. 校长：全面负责

具体负责管理：

（1）资源教室的管理系统。

（2）教务处、总务处。

（3）负责资源教室业务的教师。

（4）负责资源教室设备的教师。

2. 资源教室的各项规章制度

（1）资源教室的工作流程。

（2）资源教室的使用规范。

（3）资源教室的资源管理。

（4）资源教室的图书、器材、软件的借阅、借用。

（5）资源教室的设备添置、保管、维修、报废。

（6）资源教师的服务。

（7）其他规章制度。

3. 资源教室的活动日志

（1）教师工作日志。

（2）教学训练日志。

（3）康复训练日志。

（4）其他活动日志。

4. 资源教室活动的安全保障

（1）严格管理，杜绝外人进入资源教室。

（2）教学训练与康复训练至少要有一位资源教师辅导或陪伴，杜绝一切事故。

（3）学生在资源教室活动、训练期间不得随意外出，每次进入人数不要太多，加强监控。

（4）随时检查训练器材、学具、玩具的安全性，定期维修、更换，保持完好。

（5）领导每周都会认真检查、巡视，发现问题及时解决。

5. 资源教室的服务对象

（1）对内服务。

①对随班就读特殊需要学生和其他特殊需要学生的服务。

②对承担随班就读特殊教育教学工作的教师的服务。

（2）对外服务。

①对随班就读特殊需要学生的家长和其他特殊需要学生的家长的服务。

②对学校普通班级教师的服务。

③对社区特殊需要儿童、少年、成年人的服务。

④对服务区域内特殊需要人士的服务。

每学年学校要按照标准进行一次自我评估，同时对资源教师的工作进行评价。市、区（县）教育主管部门要进行不定期的抽查、评估。评估工作主要包括以下两个方面：

1. 评估的基本环节

（1）管理评估。

（2）人员评估。

（3）硬件及软件评估。

（4）功能机制评估。

（5）效益评估。

2. 评估的具体指标

（1）环境规划与运用。

（2）学生个案数、管理质量。

（3）课程、诊断评估工具的运用。

（4）时间规划与分配。

（5）参与人员（注重普通班级教师、家长和相关专业人员的介入）。

（6）个别化教育计划、考核与报告。

（7）教学资源。

（8）转介程序。

参考文献

［1］孟瑛茹．资源教室方案：班级经营与补救教学．3版．台北：五南图书出版股份有限公司，2013.

［2］王红霞，王艳杰．资源教室建设方案与课程指导．北京：华夏出版社，2017.

［3］许家成，周月霞．资源教室的建设与运作．北京：华夏出版社，2006.

第 ⑫ 课　个别化教育计划

设计者：陈丽敏（广州市海珠区启能学校）

指导者：吴小文（广州市海珠区教育发展研究院）

▶ 活动目标

（1）了解为什么要做个别化教育计划。

（2）了解什么是个别化教育计划。

（3）了解怎么做个别化教育计划。

▶ 活动准备

活动设计、活动讲稿、活动课件、活动手册。

▶ 活动过程

板块一　融合教育与个别化教育计划

提问：融合教育与个别化教育计划有什么关系？

融合教育不是特殊需要学生坐进了普通班级，也不是特殊需要学生坐进了普通教育学校的特教班，而是教师以对待普通学生的教育方式一视同仁地要求特殊需要学生。

"融合"的核心在于学生的需要被看见，每一位学生都被合适地对待。

板块二　个别化教育计划·为什么

提问：融合教育有个别化教育的意思，那么为什么要在融合教育中做个别化教育计划呢？

2007 年颁布的《培智学校义务教育课程设置实验方案》提出："学校应全面推进个别化教育，为每个智力残疾学生制定和实施个别化教育计划。"

2015 年出台的《特殊教育教师专业标准（试行）》要求："根据教育评估结果和课程内容，制订学生个别化教育计划。"

2017 年修订的《残疾人教育条例》规定："必要时，应当听取残疾学生父母或者其他监护人的意见，制定符合残疾学生身心特性和需求的个别化教育计划，实施个别教学。"

可见，个别化教育计划是一种针对每一位学生，了解其学习起点、风格及环境而设立的教育计划。

在普通中小学的特教班，各类特殊需要学生在一起上课，因他们的症状、学习能力、学习节奏不同，使用同样的教学方法和教学内容往往无法满足所有学生，通常会使一部分学生学有所得，而另一部分学生处于等待指导或无助状态。因此，为特殊需要学生制订适合其发展的个别化教育计划十分必要。

板块三　个别化教育计划·是什么

提问：个别化教育计划是什么？这一计划包含了哪些内容？

个别化教育计划（Individualized Educational Plan，简称 IEP）也叫"个别化学习计划""个别化教育方案"，是指针对特殊需要学生生理、心理、个性发展及学习状况等特点，专为他们制订的适合其个人学习与发展需要，可发挥个人潜能的具体教育方案。

个别化教育计划涉及的人员有特殊需要学生的班主任、任课教师、资源教师／特教老师、学校行政人员，家长，社工，医生等。

完整的个别化教育计划研判报告书内容包括：①基本情况。②成长教育医疗史。③课程评量。④评量结果分析。⑤教育诊断分析。⑥核心障碍分析。⑦教育安置。⑧教育目标。

板块四　个别化教育计划·怎么做

提问：我们应该如何制订个别化教育计划呢？

一、个别化教育计划推进六步骤

（1）收集资料。

（2）评估：课程评量、教育诊断。

（3）研讨：优弱势分析、教育安置。

（4）拟订个别化教育计划。

（5）实施：目标汇总、目标分配，主题教育规划、主题分科教学。

（6）评价：中期检核修订，结果评价。

二、学生基本情况、成长教育医疗史

1. 个人基本资料

具体内容包括成长史、目前的能力等。

2. 个人生理状况

（1）视力（含敏锐度、空间与转移、视知觉等）。

（2）听力（含听力损失值、类型、两耳听力、语言听力、听知觉等）。

（3）神经系统功能。

（4）其他（如新陈代谢，呼吸系统、消化系统及其他生理学疾病）。

以上情况可向家长了解。

3. 家庭资料

具体内容包括父母、手足、教养状况、经济能力、家居环境等。

三、课程评量与评量结果分析

根据《教育部关于印发〈盲校义务教育课程设置实验方案〉、〈聋校义务教育课程设置实验方案〉和〈培智学校义务教育课程设置实验方案〉的通知》（教基〔2007〕1号），培智学校课程设置及比例如下所示：

培智学校课程设置及比例

年级	课程											
	一般性课程							选择性课程				
	生活语文	生活数学	生活适应	劳动技能	唱游与律动	绘画与手工	运动与保健	信息技术	康复训练	第二语言	艺术休闲	校本课程
低年级	10%~12%	6%~7%	11%~13%	3%~4%	10%~12%	10%~12%	10%~12%	20%~30%				
中年级	10%~12%	8%~9%	7%~8%	5%~6%	10%~12%	10%~12%	10%~12%	20%~30%				
高年级	13%~15%	13%~15%	3%~4%	8%~9%	6%~7%	6%~7%	11%~13%	20%~30%				

普通教育学校可以按照学生所学的学科、校本课程等进行课程评量。

四、教育诊断分析

教育诊断包括全人疗育评估、语言评估、学习特点调查、强化物调查、学习态度调查等。

1. 全人疗育评估

由运动康复老师进行评估，填写评估表、撰写评估报告。

全人（个体化）疗育评估记录表见附录1，包括骨盆控制现有能力、下肢控制现有能力、障碍类型、障碍部位、异常肌张力分布、辅具的使用、内科诊断疾病、情绪反应、语言能力、认知反应、指令听从、自主活动意愿、骨盆畏缩反应、相关感官能力、主要问题、训练计划、目标等。

2. 语言评估

由语言老师进行评估，填写评估表、撰写评估报告。

语言沟通能力评估表见附录2，包括先备能力、语言理解、语言表达、沟通方式与效度、口腔动作与能力、使用沟通辅具等。

3. 学习特点调查

每位学生的学习特点都不同。有的学生以视觉学习为主，教师可以多设计用眼睛看的教学环节和教具，例如，教师示范或者让学生看视频、图片、文字、思维导图等；有的学生以听觉学习为主，教师可以多播放录音、音乐等；有的学生则是以触觉学习为主。

学生学习特点调查表见附录3，包括学生常用的信息接收通道、学生目前所处的认知阶段、学生常用的表达方式、适宜学生的活动形式、学生学习的独立性。

例如，由绘本《我的孤独症朋友》可知，孤独症学生有听觉敏感和视觉敏感，我们可以在调查表中做简单说明，从而避免引发其情绪性行为。对于孤独症学生，我们可以多使用图片来帮助其理解和表达。

有的学生适合小组学习，喜欢同伴的带动；有的学生适合个别化教学，一对一更专心；有的学生适合集体学习，喜欢团体氛围。教师可以灵活设计有针对性的学习形式。

有的学生习惯静态学习，能够自己安静地看书、做作业；有的学生需要动态学习，时间太长会坐不住，无法专心学习，我们可以通过热身操或者擦黑板小助手、发作业小助手、动作表达小达人评选等方式激发其学习热情。

4.强化物调查

通过调查学生喜欢的人、事、物，可以让教师对其更加了解，有助于教师选择和设计符合其喜好的教学内容和奖励方式，让学生更有安全感，感受到被理解。普通学生的学习热情和兴趣容易被教师带动和激发，但是对于特殊需要学生，教师必须先摸清其喜好并得到其信任，他们才会听从教师的安排。

学生兴趣调查表（增强物调查）见附录4，包括学生最喜欢吃的、最喜欢喝的、最喜欢做的、最喜欢的活动、最喜欢的物品、最喜欢的鼓励、最喜欢（听从）的人等。

例如，在绘本《多多的鲸鱼》中，孤独症儿童多多的强化物是鲸鱼，教师结合这一强化物进行教学设计，成功帮助多多更好地参与课堂活动，从而更好地学习新知识。

5.学习态度调查

每位学生因性格不同，所表现的学习态度也不同，我们需要进行评估，分析其动性、注意力、自律性、合群性等，这样可以知道学生有哪些优势和弱势，从而给教师、家长一些策略提醒。同时，可以跟学生下一个学期的表现进行对比，看其是否有所提高，还可以从中找到影响学生学习的关键性态度，通过研判会的集体研讨，帮助其改善和提高。启智学生学习态度观察评量表见附录5。

在做以上教育诊断分析时，可以结合课堂教学的实际情况，参考以下做法：

（1）营造支持与鼓励的氛围。

（2）运用有效的行为管理策略。

（3）以弹性处理和随机应变的态度实施课程。

（4）使用清晰明确的语言。

（5）吸引学生的注意力。

（6）激发学生的学习动机和参与热情。

（7）有效管理教学时间。

（8）掌握不同教学形态的实施原则。

（9）设计不同学习阶段的教学策略。

五、核心障碍分析

（1）障碍类别及程度、成因：学生的医疗诊断、原因推断。

（2）学习的优势、弱势：学生在各领域或者课堂学习的优势、弱势（考虑相应的教学策略）。

（3）未来发展潜能：学生的人生规划。

（4）障碍的影响：对生理、心理、课堂教学等的影响。

（5）建议、对策：班级管理、课堂教学等的建议、对策。

六、教育安置

结合学校的人力、物力进行教育安置，安排课程、班级、康复训练等。例如，班级帮扶"小天使"评选、个别化训练、走班教学、融合教学活动。

七、教育目标

1. 长期目标

长期目标是指下一个学年（学期）所应达成的能力，为个别化教育计划之纲领，可以衍生教学策略与评鉴标准。它提出了教学重点的发展范围及方向，包括：学生所安置环境中的主观需要（所需）、学生发展上的客观需要（所能）。

长期目标内容和原则

内容	原则
学生所需	（1）参考安置环境中的阶段教育重点 （2）参考安置环境中的适应需求 （3）家长期望与教师观察
学生所能	（1）参考课程评量的结果（能力之优弱势、原因分析、建议） （2）参考发展理论
各领域（学科）	（1）将上述需要转换成各领域（学科）之分类（课程领域） （2）写出各领域（学科）的教学重点，形成长期目标

资料来源：重庆市江津区向阳儿童发展中心

2. 短期目标

短期目标是实现长期目标之编序阶段，每一目标皆具体可行、可评量、可据以评鉴个别化教育目标的绩效。它包括：各领域（学科）本学年（学期）所应完成的目标、其他急需或临时性目标。

短期目标内容和原则

内容	原则
各领域（学科）	（1）将长期目标所指的能力分出细目，依学习发展顺序写成具体目标 （2）依长期目标所指的重点，自课程中选取基准线以上的教学目标
其他	因应下学年（学期）可能出现的变化，预留空白，但需规定临时性目标的拟订手续

资料来源：重庆市江津区向阳儿童发展中心

短期目标的撰写原则为可观察、可评量、具功能性。

拟订短期目标时范围不宜过小，以免限制教师的教学，也不宜过大，不利于评鉴。

例：

会读书。（不可评鉴）

会阅读小学三年级课文至少4篇。（很好）

会阅读小学三年级课文2篇。（范围过小）

3. 长期目标与短期目标拟订方法

方法一

长期目标：界定重要而优先的环境和活动。

短期目标：界定活动内容和技能成分。

例：

◎课程领域：社会适应

◎长期目标：能完成在家中和社区餐饮场所中的用餐活动。

◎短期目标：（1）能在家中用餐时，做餐前准备，如擦餐桌、摆碗筷。

（2）能在家中用餐后收拾餐桌及碗筷。

（3）能依自己的需要选择在社区中某个餐馆用餐。

（4）在社区餐馆用餐时，会自己看餐谱点餐。

（5）能使用社区餐馆中的厕所。

方法二

长期目标：界定重要而优先的技能。

短期目标：界定表现的情境（如环境和活动）。

例：

◎课程领域：社会适应

◎长期目标：增进使用金钱的能力。

◎短期目标：（1）能在餐馆用餐时点 3 种食品并付钱。

（2）能在社区商店购买 5 种日用品。

（3）能在菜市场购买 5 种菜品。

（4）能独立付钱坐 1 路公交车。

方法三

由各学科教师自行依长期目标叙写短期目标。

八、综合分析研判会议程序

（1）说明：会议目的。

（2）介绍出席人员：班主任、任课教师、资源教师/特教老师、学校行政人员，家长，社工。

（3）评量结果报告。

（4）发问。

（5）综合讨论：①障碍类别、程度、成因；②优势、弱势；③发展潜能；④影响；⑤对策；⑥安置措施；⑦教育重点。

（6）结论。

（7）签名。

⊣■ 参考文献 ■⊢————————————————————

［1］朴永馨.特殊教育辞典.北京：华夏出版社，1996.

［2］林崇德，杨治良，黄希庭.心理学大辞典.上海：上海教育出版社，2003.

［3］张文京.融合教育与教学.桂林：广西师范大学出版社，2013.

［4］邢同渊.特殊儿童随班就读教育.北京：中国轻工业出版社，2015.

（注：本课内容主要参考重庆市江津区向阳儿童发展中心"四好课程评量表"等资料。）

附录 1

全人（个体化）疗育评估记录表

（适用□一、□四型等学习障碍个案）

姓名：_____ 出生日期：_____年___月___日

年龄：___岁___月 性别：_____

骨盆控制现有能力：□（诱）坐 20 度摆位椅 □（诱）坐楔形垫

1.□（诱）扶物高跪姿 2 秒

2.□（诱）独立高跪姿 2 秒

3.□（诱）跪走 3 步

4.□（诱）单手扶持各单脚半跪姿 1 下

5.□（诱）单手扶持交替半跪 3 下

6.□（指）前进跪走 3 步

7.□（指）倒退跪走 3 步

8.□（指）交替半跪 3 下

9.□（指）交替半跪及覆诵数数 1～10 下（有语言能力一心数用）

10.□（指）交替半跪及覆诵发音数数 1～10 下（无语言能力一心数用）

11.□（指）交替半跪及自主数数 1～10 下

12.□（指）交替半跪及诱导建立 1～10 数量概念

下肢控制现有能力：（全部指令下能力及目标；无顺序性可勾选已通过目标）

13.□各单脚稳定半跪姿站立起 1 下

14.□交替半跪及正确抬手、数数 1～10 下（一心数用）

15.□扶地蹲姿 2 秒

16.□独立蹲姿 2 秒

17.□连续蹲站 2 次

18.□扶地向前蹲走 3 步

19.□扶地向后蹲走 3 步

20.□独立向后蹲走 3 步

21.□四点爬姿交替抬脚、手及倒数数 10～1 下（一心数用）

22.□各单脚站 5 秒

23.□连续向前蹲跳 2 下

24.□连续原地稳定蹲跳 2 下

25. □四点爬姿交替抬脚、手各维持 10 秒及倒数数 10～1 下（一心数用）

26. □各单脚原地连续跳 5 下及各维持 5 秒控制

障碍类型：□松弛型　□痉挛型　□协调不良（共济失调）型　□徐动型

障碍部位：□双瘫　□偏瘫＿＿＿＿侧　□重复偏瘫＿＿＿＿侧

异常肌张力分布：□上直下弯　□全直（□直 1　□直 2　□直 3）

辅具的使用：＿＿＿＿＿＿＿

内科诊断疾病：

□心肺疾病

□癫痫（□服药中　□未服药）

□精神疾病（□服药中　□未服药）

情绪反应：□敏感　□稳定

语言能力：□无　□构音异常　□差　□正常

认知反应：□正常　□好

指令听从：□佳　□差

自主活动意愿：□过高（多动）　□中　□低

骨盆畏缩反应：□强　□弱

相关感官能力：

视觉：□正常　□异常（□斜视　□弱视）

听觉：□正常　□异常（＿＿＿分贝）

手触觉：□防御　□依赖

嗅觉、味觉：□敏感　□稳定

前庭觉：□敏感（＿＿＿项）　□稳定

主要问题	（1）心理不安全感与紧张情绪影响　□动作　□认知　□语言能力学习发展与学习意愿……
	（2）骨盆、下肢　□屈曲　□伸展本体觉及肌力不足影响粗大及精细动作控制……
	（3）□双侧　□＿＿＿侧膝　□轻度　□中度　□重度膝反张（＿＿＿重于＿＿＿）
	（4）□双侧　□＿＿＿侧小腿尖足肌群　□轻度　□中度　□重度紧缩（＿＿＿重于＿＿＿）
训练计划	个案学习模式：□指令听从型　□非指令听从型（视觉模仿与诱导制约模式）
	中线活动的摆位姿势：
	□坐姿　□跪立姿　□蹲姿　□四点爬姿　□俯趴姿　□仰躺姿
	（1）坐姿：□坐＿＿＿度摆位椅　□坐＿＿＿厘米楔形垫　以增屈曲本体觉、学习专注力、手功能……
	（略）

（续上表）

短期目标：	长期目标：
训练摘要： （1）创设个案个别喜好增强物及活动模式（个别化视觉、听觉、嗅觉、味觉及手部活动刺激） （2）尊重个案动作自主学习意愿，少量多次，循序渐进，依照从简单至复杂的学习要求 （3）营造轻松的学习氛围，以动作示范取代口头指令要求	

负责疗育师：＿＿＿＿＿　督导疗育师：＿＿＿＿＿

评估日期：＿＿＿＿年＿＿月＿＿日

附录 2

语言沟通能力评估表

学生姓名：＿＿＿＿＿＿　性　别：＿＿＿＿＿＿　出生日期：＿＿＿＿＿＿

学　　校：＿＿＿＿＿＿　评估者：＿＿＿＿＿＿　评估日期：＿＿＿＿＿＿

医学诊断：□孤独症　□智力障碍　□脑瘫　□唐氏综合征　□其他＿＿＿＿＿

一、先备能力

1.感官知觉

（1）视力：

□正常

□异常：□全盲　□弱视　□近视　□远视　□斜视　□散光　□其他

佩戴眼镜：□有（自＿＿＿＿岁＿＿＿＿月）　□无

（2）听力：

□正常

□异常：听损（□左耳　□右耳）

佩戴助听器：□有（□左耳　□右耳）（自＿＿＿＿岁＿＿＿＿月）　□无

植入人工耳蜗：□有（□左耳　□右耳）（自＿＿＿＿岁＿＿＿＿月）　□无

听觉机警度：

□反应良好　□偶有反应

□选择性反应（说明＿＿＿＿＿＿＿）　□无反应

（3）触觉：

对碰触的反应：□正常

□缺乏反应（□脸部　□口腔　□全身）

□过度排斥（□脸部　□口腔　□全身）

□触觉依赖

2. 语前技巧

□沟通动机　□眼神接触　轮次（□发声　□说话　□游戏）

□专注　□回应互联注意　□引发互联注意　□视觉追踪　□听觉追踪

□模仿动作　□模仿声音 / 字词

配对（□对象—对象　□物件—照片　□照片—照片　□相关物件）

3. 数前概念

□理解 / □表达

大小：□配对　□分类　□指认　□命名

形状：□配对　□分类　□指认　□命名

颜色：□配对　□分类　□指认　□命名

□数量　□空间（□上下　□左右　□前后　□里外）

二、语言理解

□对自己的名字有反应　□理解环境中的声音

□对熟悉的音乐有反应　□在手势动作暗示下可遵守简单指令

□在熟悉情境下可听懂简单指令　□可指认（□常见物品　□身体部位）

□可理解常见物品功能

□可响应疑问句

类型：□两项式　□有没有　□正反式　□什么　□做什么　□哪里

　　　□谁　□谁的　□如何　□何时　□何地　□为什么

□可遵守两步骤指令（……和……、先……再……、要……不要……）

□可理解抽象语汇　□可听懂故事　□可听懂把字句和被字句

□可听懂条件句　□可听懂课文内容

□听觉理解正常　□阅读理解正常

符号理解：□实物　□照片　□具象图画　□抽象图画　□文字

逻辑关系：□因果　□推测　□解难　□找不同

理解故事：□时间　□地点　□人物　□起因　□经过　□结果　□人物感受

三、语言表达

1. 口语能力

□咿呀学语　□使用拟声语（□可模仿　□可自己发出）

□使用语汇

（1）□可仿说：□立即式　□延宕式

（2）□会说功能性语汇

（3）□会说抽象语汇

（4）□有语义错误：□偶尔　□有时

（5）词汇类型：□名词　□动词　□形容词　□代名词　□否定词

　　　　　　　□位置词　□时态词　□数词　□量词

　　　　　　　□关联词　□疑问词

如：_____

_____

□使用简单句

（1）□可仿说：□立即式　□延宕式

（2）□可自己说：□少数固定的句子　□会配合情境变化

（3）□有词序错误：□偶尔　□有时

（4）□不符合情境：□偶尔　□有时

如：_____

_____

□使用复杂句

（1）□可仿说：□立即式　□延宕式

（2）□可自己说

（3）□有词序错误：□偶尔　□有时

（4）□不符合情境：□偶尔　□有时

如：_____

_____

□使用复合句

（1）□可仿说：□立即式　□延宕式

（2）□可自己说

（3）□有词序错误：□偶尔　□有时

（4）□不符合情境：□偶尔　□有时

（5）句式：□并列　□因果　□假设　□其他

如：_____

_____

□叙述能力

（1）能主题对答：□针对一件物品

　　　　　　　　□针对一件事

　　　　　　　　□针对图画故事

　　　　　　　　□针对一部动画片或电影／电视剧

（2）□会排列（　）程序图

　　　□会描述连续的图片内容

（3）□能重述熟悉的故事（□时间　□地点　□人物　□起因

　　　□经过　□结果　□人物感受）

（4）□能叙述自己的生活经验

2. 说话清晰度

□构音正常　□构音错误不稳定，但易纠正　□有构音／音韵问题

3. 说话流畅度

□正常　□偶尔不流畅　□有语畅问题（重复语音／词）

□拖长语音　□其他

4. 嗓音特质

（1）音质：□正常　□沙哑　□拉紧声　□气息声

（2）音量：□适中　□太小　□过大　□忽大忽小

（3）音调：□适中　□太低　□过高　□单调　□忽高忽低

（4）共鸣：□正常　□鼻音缺乏　□鼻音过重　□鼻腔漏气

四、沟通方式与效度

1. 沟通方式

□使用口语　□使用手语　□使用笔谈　□使用点字　□使用表情

□使用手势／动作　□用手拿／指图片　□使用沟通板　□使用声音

□发脾气、哭、自伤　□自己拿取　□其他

2. 沟通功能

□表达需求　□表达情绪　□社交互动　□传递讯息

3. 沟通意图

□主动沟通　□缺乏主动，但有被动回应　□缺乏沟通意图

4. 互动能力

□良好 □只与特定的人互动 □偶尔出现互动行为 □缺乏互动行为

5. 沟通效度

□可完全被理解 □只部分被理解 □只有照顾者理解 □无法理解

五、口腔动作与能力

1. 双唇

□连续发 i–u □使用吸管 □噘嘴动作 □抿嘴动作 □闭合不好

2. 舌头

□会灵活转动 □舔上下唇 □左右移动 □前后伸缩 □无法移动

3. 下颌

□动作协调 □正确咀嚼 □只能上下咀嚼 □开闭缓慢

4. 口水控制

频率：□控制良好 □偶尔流口水 □有时流口水 □经常流口水

流量：□无 □仅嘴角微渗 □流至下巴 □流至胸口

5. 进食状况

□可进食任何食物 □爱吃硬食 □只吃软食 □只吃流食 □常哽呛

6. 进食姿势

□直立坐椅子 □直立坐 / 站特制辅具 □后倾斜躺 □平躺 □其他

7. 吹（气流控制）

□会哭 □会叫

六、使用沟通辅具

□无

□有：类型__________（自_____岁_____月）

使用情况：____

附录 3

学生学习特点调查表

学生姓名：＿＿＿＿＿＿ 性别：＿＿＿

请在您认为较符合该生情况的选项前打钩，必要时填写"简单说明"栏。

---

1. 学生常用的信息接收通道是：
□视觉 □听觉 □视/动 □听/动 □综合
简单说明：＿＿＿＿＿＿＿＿＿＿＿＿＿＿＿＿＿＿
＿＿＿＿＿＿＿＿＿＿＿＿＿＿＿＿＿＿＿＿＿＿

2. 学生目前所处的认知阶段是：
□具体物（动作、实物） □半具体物（图示） □抽象（符号文字）
简单说明：＿＿＿＿＿＿＿＿＿＿＿＿＿＿＿＿＿＿
＿＿＿＿＿＿＿＿＿＿＿＿＿＿＿＿＿＿＿＿＿＿

3. 学生常用的表达方式是：
□发出声音 □做手势/动作 □通过表情 □运用口语 □指图片 □指文字 □书写
简单说明：＿＿＿＿＿＿＿＿＿＿＿＿＿＿＿＿＿＿
＿＿＿＿＿＿＿＿＿＿＿＿＿＿＿＿＿＿＿＿＿＿

4. 适宜学生的活动形式是：
□小组 □团体 □个别 □动态 □静态
简单说明：＿＿＿＿＿＿＿＿＿＿＿＿＿＿＿＿＿＿
＿＿＿＿＿＿＿＿＿＿＿＿＿＿＿＿＿＿＿＿＿＿

5. 学生学习的独立性：
□强 □一般 □差
简单说明：＿＿＿＿＿＿＿＿＿＿＿＿＿＿＿＿＿＿
＿＿＿＿＿＿＿＿＿＿＿＿＿＿＿＿＿＿＿＿＿＿

附录 4

学生兴趣调查表

（增强物调查）

学生姓名：_____ 性别：_____ 年龄：_____

请找出孩子最喜欢的事物，标上①；次级喜欢的事物，标上②。

孩子最喜欢吃的是： 主餐食物 （　　） 水果 （　　） 零食 （　　） 其他：_____	孩子最喜欢喝的是： 饮料 （　　） 奶类 （　　） 果汁 （　　） 其他：_____
孩子最不喜欢吃的是：	孩子最不喜欢喝的是：
孩子最喜欢做的是： 玩耍 （　　） 做家务 （　　） 绘画 （　　） 听音乐 （　　） 写作业 （　　） 其他：_____	孩子最喜欢的活动是： 玩水 （　　） 滑滑梯 （　　） 荡秋千 （　　） 球类运动 （　　） 其他：_____
孩子最不喜欢做的是：	孩子最不喜欢的活动是：
孩子最喜欢的物品是： 积木 （　　） 洋娃娃 （　　） 玩具汽车 （　　） 玩具枪 （　　） 卡通玩具 （　　） 其他：_____	孩子最喜欢的鼓励是： 口头表扬 （　　） 糖果 （　　） 书 （　　） 拥抱 （　　） 其他：_____
孩子最喜欢（听从）的人是：	
其他情况说明： _____ _____	

附录 5

启智学生学习态度观察评量表

学生姓名：_____ 性别：_____ 出生日期：_____年____月____日

阶段	观察时间	颜色	观察者	观察者与学生的关系	总分

优点	缺点	建议、策略

学习态度积极，可学习任何事物	3	3	3	3	3	3	3	3	3	3	3
学习态度尚可，经协助可学习大部分事物	2	2	2	2	2	2	2	2	2	2	2
学习态度差，只能学习少数事物	1	1	1	1	1	1	1	1	1	1	1
学习态度消极	0	0	0	0	0	0	0	0	0	0	0
	活动量	注意力	学习动机	模仿力	自律性	听从指示	独立性	耐性	适应力	合群性	学习速度	不良行为

1	2	3	4

活动量：　0分　活动量过大或过小以致影响学习

　　　　　1分　只在某些情况下能改善活动量（例：吃）

　　　　　2分　经诱导可以改善活动量以配合学习

　　　　　3分　活动量适中，易接受指导

```
1 2 3 4
┌─┬─┬─┬─┐
└─┴─┴─┴─┘
```
注意力：　0分　对任何刺激皆无动于衷，或极易分心
　　　　　1分　只对有兴趣的事物表现出注意力
　　　　　2分　经诱导可对指定刺激表现出注意力（注意看、
　　　　　　　　听、操作）
　　　　　3分　能主动注意指定刺激

```
1 2 3 4
┌─┬─┬─┬─┐
└─┴─┴─┴─┘
```
学习动机：0分　对任何事物皆没有兴趣或好奇心
　　　　　1分　只对少数事物有兴趣或好奇心
　　　　　2分　经诱导能对指定事物表现出兴趣或好奇心（模
　　　　　　　　仿、探究）
　　　　　3分　能表现出积极、主动的学习意愿

```
1 2 3 4
┌─┬─┬─┬─┐
└─┴─┴─┴─┘
```
模仿力：　0分　不肯、不会模仿或不知如何模仿
　　　　　1分　只肯模仿少数动作
　　　　　2分　经诱导肯模仿指定动作
　　　　　3分　肯主动模仿任何指定动作

```
1 2 3 4
┌─┬─┬─┬─┐
└─┴─┴─┴─┘
```
自律性：　0分　无法控制自己的行为，随心所欲
　　　　　1分　经强大制约才能自我控制少数行为
　　　　　2分　经监督或口头制约能自我控制
　　　　　3分　能主动遵守常规

```
1 2 3 4
┌─┬─┬─┬─┐
└─┴─┴─┴─┘
```
听从指示：0分　不肯听从指示
　　　　　1分　只肯听从少数指示
　　　　　2分　经诱导可听从指示
　　　　　3分　能主动听从指示

```
1 2 3 4
┌─┬─┬─┬─┐
└─┴─┴─┴─┘
```
独立性：　0分　过度依赖别人或不愿独自做一件事
　　　　　1分　对有兴趣的事能独自做一会儿
　　　　　2分　经诱导可独立完成指定事情
　　　　　3分　可独立完成指定事情

1	2	3	4

耐性：　0分　无法完成任何简单的事情

1分　只能持续完成有兴趣的事情

2分　经诱导能持续完成指定事情

3分　能主动贯彻指定事情

1	2	3	4

适应力：0分　过于胆怯或过于活跃，无法适应新环境

1分　经长久时间才能适应新环境

2分　经诱导能很快适应新环境

3分　自己能很快适应各种环境

1	2	3	4

合群性：0分　大多数时间独自玩，很少与同伴互动或多为
　　　　　　　负面的互动

1分　能注意同伴的活动

2分　经诱导可与少数人有适当互动

3分　在团体中能与他人有适当互动

1	2	3	4

学习速度：0分　经长久练习仍学不会简单的新技能

1分　学习速度比同学慢（常长期反复练习）

2分　学习速度和同学相若（练习几次便会/常符合
　　　　进度）

3分　学习速度比同学快（一学即会/常超一般进度）

1	2	3	4

不良行为：0分　有严重不良行为，足以影响学习，且不易矫正

1分　有轻微不良行为，稍影响学习，且不易矫正

2分　有不良行为，易矫正

3分　无任何足以影响学习的不良行为

请注明学生具体的不良行为：（例：学生会到
处跑并扔杯子等东西，还有抓人和咬人的不良行为）

_____

_____

（注：附录1和附录3至附录5出自重庆市江津区向阳儿童发展中心，附
录2出自广州市海珠区特殊教育资源中心，略有改动。）

面向家长的微讲坛宣导活动：

乐课程

第 **1** 课　融合教育是什么

设计者：陈晓璇、何卫常（广州市海珠区聚德西路小学）

指导者：吴小文（广州市海珠区教育发展研究院）

▶ **活动目标**

（1）加深普通学生的家长对融合教育理念、政策的了解。

（2）提升普通学生的家长对融合教育的参与意愿。

▶ **活动重点**

了解融合教育的理念及相关政策。

▶ **活动难点**

提升普通学生的家长对融合教育的参与意愿。

▶ **活动准备**

活动设计、活动讲稿、活动课件、活动手册。

▶ **活动过程**

板块一　**分享案例，引发思考**

【播放视频：《戴氧气面罩的女孩》】

　　我们应该意识到，在任何情况下，我们或我们的孩子都可能被归入少数类别。孩子们可能会破坏秩序，可能因内向而不善交际，可能太过活跃，也可能不太爱吃饭，等等，每一种情况都可能被定义为"特殊"。对任何一个少数群体的歧视、打压、隔离，都有可能把我们推到下一个少数群体的位置，任何人都很难保证自己不会因某种理由而被归入"异类"。每一个孩子都是独一无二的个体存在，我们要做的是尊重差异，尊重每一个孩子发展的无限可能，包容每一个孩子的合理需求。

【播放视频：《让教育不再"特殊"：融合教育　融入社会》（广州新闻频道"G4出动"）】

当一个特殊需要学生进入学校，资源教师会与其家长、任课教师和巡回指导老师、学校行政人员等多方共同开展综合研判，结合医生的诊断，对该生的学习与适应能力、课程、学习特点与态度、强化物等开展评量。根据该生的特殊教育需求，制订个别化教育计划，讨论适合他的安置形式，制定长、短期目标。之后，实施个别化教育教学，每学期进行一次评鉴，每三年进行一次综合研判，不断调整。在多元安置模式下，该生可以在特教班学习培智教育课程，也可以在融合班级学习普通教育课程，还可以在资源教室里接受量身定制的个别化教育教学，并参与多样化的融合活动。

板块二　了解定义，感知多元

融合教育，也称"全纳教育"。融合教育20世纪80年代中期诞生于美国，20世纪90年代中期传入中国。我国对融合教育理念的接受与实施，主要体现为"随班就读"的教育理论与实践。

融合教育的核心价值观是平等、尊重差异和多元化，目的是保证特殊需要儿童和普通儿童一样平等地在普通教育学校接受高效率和高质量的教育，最终实现个人尊严与社会公正的目标。融合意味着完全接纳，它基于满足儿童多样化需要的理念，在普通教育学校适合儿童年龄特征的教育环境里教育所有儿童。融合教育强调，无论种族、宗教、性别、年龄、语言能力、学习能力、学习方式、文化背景、家庭背景等有何不同，所有儿童都应在主流的教育体系中接受教育。融合教育需要接纳和包容每个孩子的特点，而特殊障碍也是某些孩子的特点，每个孩子都是独一无二的存在。

板块三　了解政策，悦纳共融

2021年3月4日，在全国政协开幕会上，邰丽华委员和手语翻译老师黑虹在现场用手语"演唱"国歌的场景令万千观众动容。

【播放视频：《无声的力量也能震撼人心！全国政协委员邰丽华用手语"演唱"国歌》】

　　郗丽华委员多年来一直持续关注特殊需要儿童的教育问题，提交与融合教育相关的提案。全国政协委员、北京市北海幼儿园园长柳茹也提出了相关的提案，建议国家在顶层设计上加强学前融合教育发展的制度供给，"努力让每个孩子都能享有公平而有质量的教育"。

　　2018 年 2 月 12 日发布的《教育部办公厅关于做好 2018 年普通中小学招生入学工作的通知》要求，依法保障能够接受普通教育的适龄残疾儿童少年就近就便随班就读。根据《2019 年全国教育事业发展统计公报》，全国各类特殊教育在校生共 79.46 万人，其中随班就读在校生 39.05 万人。可见，将近一半的特殊需要在校生是在普通教育学校中学习。

　　《残疾人教育条例》《特殊教育提升计划（2014—2016 年）》《第二期特殊教育提升计划（2017—2020 年）》《教育部关于加强残疾儿童少年义务教育阶段随班就读工作的指导意见》《"十四五"特殊教育发展提升行动计划》等政策文件，是适龄特殊需要儿童教育权利的基本保障。

　　有些家长存有疑虑：特殊需要学生是否会影响普通学生的学习？应如何应对特殊需要学生的不良行为？如何与特殊需要学生相处？……这些问题都将在接下来的一系列培训活动中一一得到解答。

　　融合教育的开展必须有支持与保障。海珠区教育发展研究院特殊教育中心教研组通过每学年开展特殊需要学生家庭教育大讲坛、资源教师全员培训、学校领导干部特教培训、特殊教育知识培训、建设资源中心、配备巡回指导老师，为家长、教师、学校提供专业的支持与保障，切实推进区内随班就读工作的开展。

　　2021 年 10 月，海珠区教育局和文化广电旅游体育局联合举办了海珠区第一届融合运动会，让特殊需要学生和普通学生在运动场上感受团结合作、奋力拼搏的精神力量。融合教育是为每一个学生提供适性教育，同时也让每一个学生成为更好的自己。

　　作为家长，我们要做的是多关注孩子，而非标签化对待，要让孩子在爱中成长，懂得如何去爱人，这是一生的必修课。

　　融合教育不是一个人、一个家庭的事，融合的关键在于团队合作，需要家庭、学校站在同一阵线，给孩子一个友爱共融的环境。

板块四　资源推荐，共同参与

一、通过亲子共读和观影，感受与认识生命的多样性

1.推荐书目

［1］张晓玲，文；潘坚，图.躲猫猫大王.济南：明天出版社，2008.

［2］葆拉·克拉思，帕特里克·施瓦茨，著；贾斯汀·卡尼亚，绘.多多的鲸鱼.王漪虹，译.北京：华夏出版社，2017.

［3］克莱·莫顿，盖尔·莫顿，著；亚历克斯·梅莉，绘.不一样也没关系.王漪虹，译.北京：华夏出版社，2017.

［4］贝弗莉·毕晓普，著，克雷格·毕晓普，绘.我的孤独症朋友.王漪虹，译.北京：华夏出版社，2017.

［5］田岛征彦.不可思议的朋友.李秀芬，译.北京：北京联合出版公司，2017.

［6］多琳·拉帕波特，著；马特·塔瓦雷斯，绘.海伦的大世界：海伦·凯勒的一生.徐德荣，译.北京：北京联合出版公司，2015.

2.推荐电影

《我的影子在奔跑》《地球上的星星》《海洋天堂》《阿甘正传》《遥远星球的孩子》《自闭历程》。

二、通过公益组织参与相关志愿服务

通过亲身接触和深入了解特殊需要群体，从而更加理解和包容特殊需要学生及其家庭。

结语

融合教育是美好的，也是实实在在每天都在发生的。它不是只存在文字里，而是真实发生在校园中，也可能发生在您与孩子的日常生活中。希望我们的宣导能在您心里埋下一颗种子，当您一点一滴用心浇灌，它就会慢慢地生根发芽，悄悄绽放融合之花。

第②课　融合教育对孩子的成长有什么意义

设计者：薛伟文（广州市海珠区新港中路小学）

罗绍先（广州市海珠区逸景第一小学）

指导者：吴小文（广州市海珠区教育发展研究院）

▶ **活动目标**

（1）提高普通学生的家长对融合教育的认识，了解融合教育对孩子成长的意义。

（2）了解普通学生的家长在融合教育中的职责，为融合教育提供便利和支持。

▶ **活动重点**

提高普通学生的家长对融合教育的认识，让其了解融合教育对孩子成长的意义。

▶ **活动难点**

了解普通学生的家长在融合教育中的职责，为融合教育提供便利和支持。

▶ **活动准备**

活动设计、活动讲稿、活动课件、活动手册。

▶ 活动过程

板块一 观看视频，导入主题

一、观看视频，引发思考

引言

各位家长好！我们先观看一段采访视频，大家一边观看一边思考：融合教育有什么好处？

视频简介

戴榕女士作为一位孤独症儿童的母亲，通过融合教育项目来支持和促进特殊需要儿童与普通儿童的共同学习和成长。该视频展示了她的勇气和坚持，以及她在融合教育领域的创新做法和影响力。戴榕女士的故事吸引了更多人关注和支持特殊需要儿童的教育和发展；她的努力不仅帮助了自己的儿子，也影响了周围的人，包括其他学生和家长，促进了社会对特殊需要群体的接纳和包容。

二、分享交流，导入主题

引言

请大家观看视频后分享自己的体会。

家长们围绕理解、接纳、包容等关键词进行分享交流。

总结：正如戴榕女士在视频中所说，这个社会是多元的，我们在一生中有可能碰到各类特殊需要儿童，融合就是让我们知道他们的存在，我们要理解、接纳、包容他们。社区融合不仅能让特殊需要群体受益，也能让普通群体受益。融合教育主张将特殊需要儿童安置在普通教育环境中进行学习，让他们与普通学生一起参与班级活动，最终让班级中包含普通学生在内的所有学生受益。

板块二 交流探讨，了解意义

一、话题导入，交流探讨

融合教育强调"每个儿童都享有平等受教育的权利"，这是每一个特殊需要儿童的受教育梦想。学生是融合教育活动的学习主体，包括普通学生与特殊需要学生。他们在融合教育环境中接受教育，学会了与人相处，了解了他人，也了解了自己，从而获得了进步与发展。

提问：融合教育对孩子的成长有什么意义？

二、提高认识，了解意义

（1）提问：融合教育对特殊需要儿童有什么意义？

第一，有利于特殊需要儿童获得公平的教育机会。

出示关键点：公平的入学机会和教学资源、更好的高等教育机会。

①公平的入学机会和教学资源。

《广州市"十四五"特殊教育发展提升行动计划》要求：促进融合教育高质量发展，到2025年，高质量的特殊教育体系进一步巩固，残疾儿童少年义务教育入学率达到97%，持证残疾幼儿学前三年入园率达到90%，高中教育阶段残疾学生入学机会持续增加。

②更好的高等教育机会。

目前教育部已针对视力障碍、听力障碍、智力障碍三类特殊需要儿童参加普通高考进行相关工作部署，例如，为视力障碍儿童提供盲文试卷、延长考试时间等。

2014年，我国第一份普通高考盲文试卷诞生，自此全盲考生可参加普通高考。

2019年，广东首位全盲高考生杨晓婷用了11.7小时做完95页的盲文考卷，圆了大学梦。

2022年，杨晓婷再次追梦成功，顺利通过专升本考试，被广东白云学院社会与公共管理学院社会工作专业录取。

第二，有利于特殊需要儿童获得健康的身心发展。

出示关键点：身体素质改善、能力发展、形成稳定的人格。

第三，有利于特殊需要儿童获得教育关怀。

出示关键点：自然性关怀、伦理性关怀、制度性关怀、在教育关怀中形成关系性品质。

（2）提问：在推进融合教育的过程中，普通儿童受到了什么样的影响？

出示关键点：理解巩固、乐于助人、学会技能、自我激励。

（3）总结：融合教育并非仅仅在空间上把特殊需要学生与普通学生安置在一起，其最终目的是促使特殊需要学生真正融入普通教育环境，并能得到适当协助与支援，从而与普通学生开展良好互动，真正获得进步与潜能发展。

板块三　明确职责，提供支持

一、交流互动，明确职责

融合教育并不仅仅是安置方式的转变，更重要的是观念和文化的转变，形成合作的文化氛围，构建支持的教育环境。家长是儿童的法定监护人，是融合教育活动的参与主体，是融合教育工作的支持力量，对融合教育的顺利开展有着重要影响。

提问：您认为家长在融合教育的实现过程中应该怎样做？

出示关键点：理解接纳、提供支援、主动沟通、配合学校、成立联盟。

二、观看视频，分享感受

1. 观看视频

引言

下面请大家观看一段视频。

视频简介

果果是一个轻度智力障碍儿童，小学毕业后与普通儿童包包一起顺利进入同一所初中的同一个班级，继续做同学。视频中，他们一起完成了一项任务。这项任务是做一顿饭，从食材的选购到制作、品尝、收拾碗筷、洗碗，每一个环节都是由他们两人共同完成。

2. 分享感受

从视频中我们可以看到，果果在整个参与过程中都是面带笑容的，择菜、下调料、盛饭、收拾碗筷、洗碗，他全部可以做到。此次任务锻炼了果果的独立能力，使其获得了健康的身心发展。包包与果果的相处是非常平等的，并不会因为果果在智力上有缺陷而嫌弃他，还与果果结对子，合作完成任务。在与果果合作做饭的过程中，包包懂得帮助果果，选了有难度的任务，负责剪虾、炒菜，学会了承担。他们两人的合作是有分工的，能够在做饭的过程中友好商量，这是一种重要的交往方式。

3.总结

通过这段视频，我们看到了在融合教育的背景下，普通学生和特殊需要学生在互帮互助的过程中逐步成长。这正是融合教育的终极目标：促进包括特殊需要学生在内的所有学生在普通教育环境中获得实质性进步与潜能发展。

板块四　资源推荐，提升总结

推荐书目

［1］贝弗莉·毕晓普，著；克雷格·毕晓普，绘.我的孤独症朋友.王漪虹，译.北京：华夏出版社，2017.

［2］方锐，文；孟可，图.锵锵呜哩哇啦.北京：海豚出版社，2020.

［3］方锐，文；孟可，图.阿诺的蝴蝶.北京：海豚出版社，2020.

［4］梅兰妮·沃尔什.我和我的阿斯伯格超能力.李剑敏，译.北京：北京联合出版公司，2017.

结语

各位家长，特殊需要儿童这个群体并不小，其实与一个规则感良好的特殊需要儿童交流可以让三岁以上的普通儿童获得更多表达机会，他们可是非常喜欢当小老师来表达自己所熟知的事物。如果特殊需要儿童有一些行为影响到了您和您的孩子，请直接告诉其家长，一味地包容并不能给任何一方带来好处。家长朋友们，让我们共同努力，一起参与融合教育吧！

第 ③ 课　特殊需要儿童常见类型

设计者：胡燕玲（广州市海珠区滨江东路小学）

朱江（广州市第九十七中学）

指导者：吴小文（广州市海珠区教育发展研究院）

▶ 活动目标

（1）增进普通学生的家长对常见特殊需要儿童特点的了解。

（2）提升普通学生的家长对特殊需要儿童的接纳意识。

▶ 活动重点

了解常见特殊需要儿童的特点。

▶ 活动难点

提升普通学生的家长对特殊需要儿童的接纳意识。

▶ 活动准备

活动设计、活动讲稿、活动课件、活动手册。

▶ 活动过程

板块一　图片导入，明确定义

一、图片导入

（1）提问：通过看图，您能否判断这些特殊需要儿童的障碍类型？

（2）总结：图中的特殊需要儿童有孤独症、学习障碍、情绪与行为障碍、智力低下、肢体障碍等类型。

二、常见特殊需要儿童介绍

我们平时所说的特殊需要儿童，主要是指狭义上的特殊需要儿童，《特殊教育辞典》给出的解释是：身心发展上有各种缺陷的儿童。

特殊需要儿童主要分两大类：一是身体功能障碍，如视力障碍、听力障碍、肢体障碍、病弱等；二是发展性障碍，如智力低下、语言发展迟缓、孤独症、情绪障碍、学习障碍等。

普通教育学校里的特殊需要儿童大部分指发展性障碍儿童。为什么这些儿童可以到普校上学呢？这就有必要了解相关的政策背景。对于特殊需要儿童，美国《全体残疾儿童教育法》在1997年便已提出"零拒绝"（zero rejected）这一教育思想和政策。普校不仅要接纳这些儿童，还要提高他们的学习质量。《教育部等七部门关于印发〈第二期特殊教育提升计划（2017—2020年）〉的通知》（教基〔2017〕6号）和《关于印发广东省促进特殊教育公平融合发展行动方案的通知》（粤教基〔2019〕30号）等政策文件均明确提出这个要求。

目前我国的特殊需要学生进入普通班级会经过入学评估、筛选、安置等程序。

板块二　感知特点，了解策略

一、普校常见特殊需要儿童的行为特点及支持策略

1. 孤独症

孤独症又称"孤独性障碍"，是广泛性发育障碍的代表性疾病。孤独症的病因虽未完全明确，但有研究表明，以下危险因素可能与孤独症的发病相关：遗传、感染与免疫、孕期理化因子刺激。

孤独症学生的行为特点及支持策略

特点	具体行为	支持策略
拥有超常能力	部分孤独症学生具备特别的天赋，如绘画、电脑程式设计、复杂运算、图像记忆、方向感等	给予他适当的学习环境、更多学习及获得成就感的机会
害怕改变	孤独症学生有特殊的选择性和执着性，如坚持固有食物、位置、路线、话题、行为模式等，如果这些固有习惯被改变，他会相当不安、焦虑和害怕	做出改变之前先跟他进行沟通，向他发出预告
冷漠	孤独症学生注意力集中时间短暂，与人眼神接触少，不关注他人，难以理解他人的面部表情及手势等肢体语言	理解这是他天生的社交能力缺陷，而不是高傲、心情不好或故意不理人，要包容他
害怕声音、强光	孤独症学生的视觉、听觉、触觉常有一项或多项易过敏或迟钝，加上他很难用言语表达自己的不舒服或焦虑，因此有时会以不恰当的肢体动作回应	提前告知或不要故意发出刺激性声音，容许他离开现场或谈及他喜欢的事物，转移他的注意力

注：本表据《特殊教育辞典》制作。

2. 精神发育迟滞

精神发育迟滞是一组以智能低下和社会适应困难为显著临床特征的精神障碍。明确的病因有基因异常、染色体异常、先天颅脑畸形。孕期感染、有害药物、毒物、妊娠期疾病、新生儿疾病等大脑发育成熟之前影响大脑发育的疾病及早期文化教育缺失均可能导致精神发育迟滞。

精神发育迟滞学生的行为特点及支持策略

特点	具体行为	支持策略
单纯无邪	思考简单，不太会用语言恰切地表达，也很难理解复杂、抽象的概念（如"道德""所有权"），因此容易模仿别人或被威胁、利诱，做了违规的事却不知道后果的严重性	保护他的纯真，不要利用他
动作慢	协调、精细动作及肌力发展较迟缓、不足，无法精确利落地完成动作	不取笑，多等待
容易忘记	短期记忆力比长期记忆力差，组织、统整能力不足，常无法记住一长串指令	提醒他
容易分心	可能因脑伤、脑神经生理异常导致知觉障碍或多动，做事不专心，容易被周遭环境吸引	提醒他

注：本表据《特殊教育辞典》制作。

3. 情绪与行为障碍

情绪与行为障碍是指长期情绪或行为反应显著异常，严重影响生活适应，但并非智能、感官或健康等因素直接造成的结果。

情绪与行为障碍学生的症状包括精神性疾患、情感性疾患、畏惧性疾患、焦虑性疾患、注意力缺陷过动症或有其他持续性的情绪或行为问题。

情绪与行为障碍学生的行为特点及支持策略

特点	具体行为	支持策略
精神不佳	有些情绪与行为障碍学生因脑神经缺少某些传导物质，深夜时常常精神亢奋，睡眠质量不佳，导致白天上课时精神无法集中、易困乏	不要取笑他的精神状态
容易烦躁	因自卑、焦虑，常觉得他人对自己不友善，故常与他人起冲突、干扰他人学习	多给予他微笑或关爱与尊重
理解能力弱	对于资料组织、文字处理有困难，处理速度很慢	可以运用视觉学习策略协助他学习
行为难控制，抗压能力差	较难自我控制，易分心，很难接受轮流、等待的安排或很难完成指示、交代的作业；压力大时情绪容易起伏不定或完成作业的动机不强；对挫折容忍度较低	多给他提示或协助他管理自身行为，当他表现出合适的行为时鼓励他继续保持

注：本表据《特殊教育辞典》制作。

4. 学习障碍

学习障碍是指从发育早期阶段起获得学习技能的正常方式受损。这种损害不是单纯缺乏学习机会或智力发展迟缓的结果，也不是后天的脑外伤或疾病的结果。此类障碍来源于认识处理过程的异常，由一组障碍所构成，表现为在阅读、拼写、计算和运动功能方面有特殊和明显的损害。

学习障碍学生的行为特点及支持策略

特点	具体行为	支持策略
被动、容易焦虑	因为学习速度、行动较缓慢，面对自身的障碍时会害怕、担心被人嘲笑，参与活动时显得被动、焦虑	鼓励他，以帮助他建立学习信心
沟通有障碍	常常不能在适当情境下表达自己的想法，造成沟通困难	耐心倾听
听指令或理解有障碍	在信息处理上速度较慢、记忆力弱、方向辨认有困难，当交代的事项较长时容易感到混乱，很难遵循指示行动；如果能掌握文章的关键字，可以很快理解内容	使用简短的指令或通过关键字提示他

注：本表据《特殊教育辞典》制作。

二、特殊需要儿童的闪光点

（1）提问：特殊需要儿童有哪些闪光点呢？请大家说说自己的想法。

例：

雅各布·巴内特，智商170，患有阿斯伯格综合征。他2岁才会说话；3岁就开始拼5 000片的大型拼图，甚至研究了州公路地图，记得每一条高速公路。

（2）总结：善良、单纯、有某方面的天赋（如乐感、绘画、计算、阅读等）。

板块三 资源共享，促进学习

推荐电影

视力障碍：《天堂的颜色》

听力障碍：《失宠于上帝的孩子们》《不能没有你》《练习曲》

智力障碍：《我是山姆》《阿甘正传》《舟舟》

学习障碍：《地球上的星星》

孤独症：《海洋天堂》《自闭历程》《星星的孩子》

情绪与行为障碍：《热血教师》

资赋优异：《我的天才宝贝》《香水》

肢体障碍：《我的左脚》

多重障碍：《奇迹的缔造者》

参考文献

［1］刘浩．我国特殊儿童康复中心协同设计研究．广州：华南理工大学，2018．

［2］周立立．家长如何引导特殊需要儿童常见的心理问题//教育部基础教育课程改革研究中心．2016年课堂教学改革专题研讨会论文集．2016．

［3］杨丽萍．用爱搭建桥梁培养特殊需要儿童健康心理．小学科学（教师版），2014（5）．

第❹课　融合教育中的同伴支持策略

设计者：林丽怡（广州市海珠区宝玉直实验小学）

区丽华（广州市海珠区东风小学）

指导者：吴小文（广州市海珠区教育发展研究院）

▶ 活动目标

（1）普通学生的家长通过案例学习可在自己孩子面对突发状况时给予一定的应对指导。

（2）提升普通学生的家长对融合教育的参与意愿。

▶ 活动重点

了解融合教育的理念和相关政策。

▶ 活动难点

提升普通学生的家长对融合教育的参与意愿。

▶ 活动准备

活动设计、活动讲稿、活动课件、活动手册。

▶ 活动过程

板块一　话题导入，引发思考

引言

大家好！通过前面课程的学习，相信你们对融合教育都有所了解了。融合教育的出发点是让特殊需要群体和普通群体充分交流、融合，以最大限度地减少社会对特殊需要群体的隔离。融合教育一方面可以促进特殊需要儿童的社会化发展和社会功能改善；另一方面可以帮助普通儿童理解平等、尊重、接纳、包容的理念，在与特殊需要儿童共同学习的过程中培养善良、友爱、具同理心、乐于助人等优秀品质，也为其成年后对多元世界的理解、包容打下良好的心理基础。有些家长可能会担心随班就读的特殊需要孩子会影响自己的孩子，其实大家可以往正面的方向积极思考，一般情况下，不仅不影响，反而有所促进。融合教育会使普通儿童更加宽容、更有爱心。譬如，当班里有一个盲童随班就读，若发现他前面有凳子，其他孩子会自觉地帮他拿开，他们在帮助别人的同时，自己也成长了。因此，融合教育是对特殊需要儿童和普通儿童均有利的"双赢"教育模式。

列夫·托尔斯泰曾说："每个人都会有缺陷，就像被上帝咬过的苹果，有的人缺陷比较大，正是因为上帝特别喜欢他的芬芳。"孩子是父母的希望，当孩子出生后被诊断出身心方面的障碍，对父母而言无疑是无情的打击。虽然这一障碍可能伴随孩子终身，导致很多行为问题，但其同样渴望进步……教师要用心观察，留心记录，多与学生以及特殊需要学生的家长沟通特殊教育中的难点问题，并及时与普通学生的家长取得联系，共同探讨特殊教育更有效的方法，让融合教育为特殊需要学生铺就一条活出自我的生命之路。通过普通学生与特殊需要学生共存、共生的班级，为特殊需要学生创建无障碍的生活、学习、活动环境。

板块二　案例分享，给予启发

习惯是养成教育的具体表现。孤独症孩子的是非认知能力和自我约束能力相对欠缺，会影响班级常规秩序的维持。因此，教师和家长适当的评价对孤独症孩子良好行为习惯的养成是至关重要的。对于孤独症孩子的正确行为，要及时给予肯定、赞赏；对于他们的过失行为，要在理解和宽容中加以批评和指正。

热心的管理员

冰冰是一个孤独症孩子，内向而又固执，只要是她认定的事情，就会坚持那样做。同时，她也是认真而又热心的孩子，很乐意为班级、为同学服务，总是尽心尽力地为大家做事。有一段时间，她经常带十多支甚至二十多支铅笔来学校，任爸爸妈妈怎样耐心引导和教育，她都坚持往铅笔盒里装满长长短短、花花绿绿的铅笔。好几次她发现自己的铅笔被人偷偷拿走了，总会为此闷闷不乐好一阵子。她找我投诉过多次，我也深感无奈，很难"破案"为她找回铅笔。后来我只好在班里明确规定：铅笔只是学习的基本工具，带太多铅笔是没有意义的，每个同学每天只能带三支铅笔来学校；周一会对大家进行统一检查，如果谁带的铅笔超过三支，多出的铅笔将会被收走，由老师代为保管，直到周五再让他带回家。我把周一检查同学是否按要求带铅笔的任务交给了冰冰，并郑重地宣布冰冰成为"铅笔管理员"。因为觉得自己备受重用，冰冰对于这份差事很有热情，也很用心，有特殊情况难以处理时会及时向我报告并请求帮助。同时，我还规定：冰冰作为"铅笔管理员"，她的文具盒也要摆出来接受其他同学的检查，看看她是否改正了带太多铅笔来学校的习惯。冰冰在负责检查同学文具盒的同时，还要接受他们的监督，于是逐步改正了带太多铅笔来学校的习惯，每天上学只带三支铅笔。在这一过程中，冰冰变得越来越外向和自信了。

这个案例中的冰冰是一个轻微孤独症患者，她主要有以下表现：

（1）着迷于同一玩具、活动或兴趣。

（2）常常固执于没有意义的程序，如走同一路线、带很多铅笔去学校、排列积木等。

（3）出现刻板行为。

针对冰冰这些表现，我们有以下做法：

（1）确立合适的目标，不断巩固强化，帮助她形成良好的行为习惯。

（2）根据她的个性特点，利用活动激励，因势利导，帮助她形成良好的行为习惯。

（3）多给予表扬和鼓励，必要时有针对性地实施适当的批评和惩罚，及时制止其不良行为。

（4）注重结合日常教育情境，持之以恒地培养她形成良好的行为习惯。

作为孩子的同伴，建议家长参考以下做法：

（1）鼓励、肯定、表扬孩子做得好的地方，以进一步提高其自信心，促使孩子在其他方面也能有同样积极的表现。

（2）家长在家时应配合学校老师的要求，不断巩固强化养成教育。

（3）关注孩子的情绪变化，给予及时疏导。

板块三　悦纳共融，从家长做起

世界上没有两片叶子是完全一样的，每个特殊需要儿童也有着各自的性格特点。如果孩子班里出现了特殊需要儿童，家长可以这样做：

（1）作为榜样，引导孩子尊重、接纳班里的特殊需要儿童。

俗话说"孩子是父母的一面镜子"，父母对特殊需要儿童的接纳程度直接影响着自己孩子对特殊需要儿童的态度。

在电视剧《三十而已》中，童瑶饰演的妈妈顾佳在应对儿子幼儿园里发生的一起突发事件时的处理方式，给我们带来了很多思考。她费尽心思将儿子送进了一间顶级的国际幼儿园。在一场聚会上，一个小男生因为突发癫痫倒地抽搐，其他孩子惊慌地散开，家长们则捂住他们的眼睛。事后，很多家长要求这个孩子退学。那么顾佳是怎么做的呢？首先，她和丈夫讨论后达成了一致意见：反对劝退这个孩子的提议。其次，她去和儿子聊天，安抚他因受到惊吓而出现的不安情绪。最后，她在家长群里第一个站出来表明反对态度，引得不少沉默的家长也出来发声支持。

我们所追求的融合环境不是学校装潢有多么漂亮、设备有多么高级，更重要的是人心。正是人心决定了特殊需要儿童是"特殊"还是"特别"。当特殊需要孩子爆发情绪问题时，普通孩子们是躲开还是关心？当他们遇到困难时，普通孩子们是嘲笑还是相助？这些举动小部分是靠天性，大部分是靠家长的引导。因此，普及融合教育，要从培养孩子的正确观念开始。

在平时的观察中我们发现，特殊需要孩子由于自身存在各种障碍，会产生自卑感、缺乏安全感，还会对周围环境产生恐惧，甚至会出现一些过激的反应。因此，让普通孩子在与特殊需要孩子交往时向其释放善意的信号，主动伸出友谊之手，可为他们今后的友好相处奠定基础。

（2）通过多种途径，与孩子一起了解班里特殊需要儿童的障碍类型和特点。

回到《三十而已》这部电视剧上，顾佳通过一个小故事让儿子接纳了"癫痫"这个概念，不仅让他认识到这个特殊小伙伴的障碍类型，还促使他主动去帮助特殊小伙伴，可称得上是教科书般的示范。我们一起来看看吧。

【播放《三十而已》视频片段】

家长可以与孩子一起阅读有关特殊需要儿童障碍类型的绘本、电影或书籍，还可以带孩子参加相关的社会实践活动，增加其对班里特殊需要儿童的了解，解读他们的问题行为背后的原因，从而真心包容这类孩子的各种缺陷。例如，家长可以尝试引导孩子："当别人做得很好的时候，你可能会跟他击掌，对吧？但是×××表达兴奋的方式有些不一样，他会坐着摇来摇去。""这些动作表示×××感觉很焦虑。"

（3）教育孩子尽量避免在特殊需要儿童面前出示刺激物或做出刺激行为。

孩子对班里特殊需要儿童的障碍类型和特点有所了解后，就能尽量避免触及其"雷区"，诱发其过激行为。例如，有些特殊需要儿童会有一些禁忌，如害怕响亮的声音、被摸头、被叫绰号等，最好先避开这些"雷区"。当班里的特殊需要儿童出现情绪或行为问题时，如果受到其他同学的奚落甚至过激言行刺激，可能会发展为更严重的问题。

（4）让孩子在教师和家长的指导下学习与特殊需要儿童相处的技巧。

①正面的示范和引导。

首先，同伴是特殊需要儿童喜欢模仿的对象。融合教育最大的意义就是为特殊需要儿童提供更多社会交往机会。特殊需要儿童在此过程中能了解同伴如何遵守纪律、养成良好习惯、生活自理、适应环境、学习知识、解决问题、与老师和同学相处等，从而在耳濡目染中模仿、习得新的技能，提高自己的认知能力、社交能力和适应能力。家长可以引导孩子通过榜样示范去影响特殊需要儿童。例如，告诉孩子：有些特殊需要儿童不会将心比心，也不懂人情世故，其反应是非常直接的。若他们有冒犯或不礼貌的举止，我们不要生气，要明白他们没有恶意，应向他们示范较佳的反应方式，越具体越好，要以实例说明而不能只讲道理，而且要不厌其烦地一再重复，因为他们不会举一反三。

其次，同伴是特殊需要儿童学习的指导者。学习对大多数特殊需要儿童来说都是一个不小的挑战，他们普遍认知能力较差、学习方法缺乏、学习动机不强、学习兴趣不浓。应让孩子用自己的方式帮助特殊需要儿童学习各种知识和技能。例如，告诉孩子：发现特殊需要儿童忘了带上课用具时与他分享，不然他会非常焦虑；发现特殊需要儿童沉浸在自己的世界时可以用一些视觉提示（如手势或表情）提醒他跟上课程进度；小组讨论时耐心听特殊需要儿童说话，如果他说得太多且偏离主题，可以提醒他现在正在讨论的重点。

②给予及时的鼓励和赞美。

特殊需要儿童一般自我管理能力较弱，虽然有时有变好的意愿，但常常虎头蛇尾，没有定力，难以坚持。因此，同伴还是特殊需要儿童行为的监管者，应监督、管理其日常行为，鼓励其进步、纠正其偏误。可告诉孩子：当特殊需要儿童表现好的时候，用语言或手势表示赞扬；同时将其进度报告给老师，以便老师及时调整教育教学策略，从而更好地帮其成长。

（5）由于表达能力、情绪控制能力、对新情境的适应能力都很弱，特殊需要儿童偶尔会有情绪或行为问题。可告诉孩子：当特殊需要儿童出现情绪或行为问题时，在确保安全的前提下，要保持冷静，不说会对其造成刺激的话，尽量不接触其身体，引导其深呼吸，冷静下来，放松情绪后再慢慢练习正确的表达方式。【播放相关视频】

（6）教育孩子遇到特殊状况时要第一时间寻求老师的帮助。

结 语

特殊需要儿童的成长，离不开学校和家庭的教育，也离不开普通儿童的家长对自己孩子的教育。我们希望创建一种融合的氛围，让孩子们得以健康快乐地成长。

第 5 课　我应该如何对待孩子的差异性

设计者：任振安（广州市海珠区知信小学）

陈丽敏（广州市海珠区启能学校）

指导者：吴小文（广州市海珠区教育发展研究院）

▶ 活动目标

（1）鼓励、引导普通学生的家长正视自己孩子与特殊需要学生的正常交往。

（2）普通学生的家长能积极引导自己孩子在学校学习生活中接纳、关心和帮助特殊需要学生。

（3）了解特殊需要学生在他人帮助下的成长。

（4）培养普通学生乐于助人、关心同学的优秀品质。

▶ 活动重点

了解特殊需要儿童的差异性。

▶ 活动难点

培养普通学生乐于助人、关心同学的优秀品质。

▶ 活动准备

活动设计、活动讲稿、活动课件、活动手册。

▶ 活动过程

板块一 初识特殊需要儿童

一、话题导入

提问：您是否愿意自己孩子在普校中接触特殊需要儿童？您是否会担心自己孩子在学校的融合教育学习中被特殊需要儿童影响？

随着社会的进步、教学的改革，在普校实施融合教育的相关话题越来越多地出现在人们的视野中。我们真的了解特殊需要儿童吗？对于大多数普通儿童及其家长来说，特殊需要儿童带着神秘色彩。对于特殊需要儿童进入普校，总有家长担心自己孩子会被特殊需要儿童欺负，因为某些特殊需要儿童常被贴上"暴力倾向"的标签。然而实际情况却是——特殊需要儿童更容易受到其他同学在生理或心理上的欺负。例如，他们会被不友善的同学取绰号嘲笑，更有调皮一些的普通儿童会乱扔他们的物品。

二、特殊需要儿童类型介绍

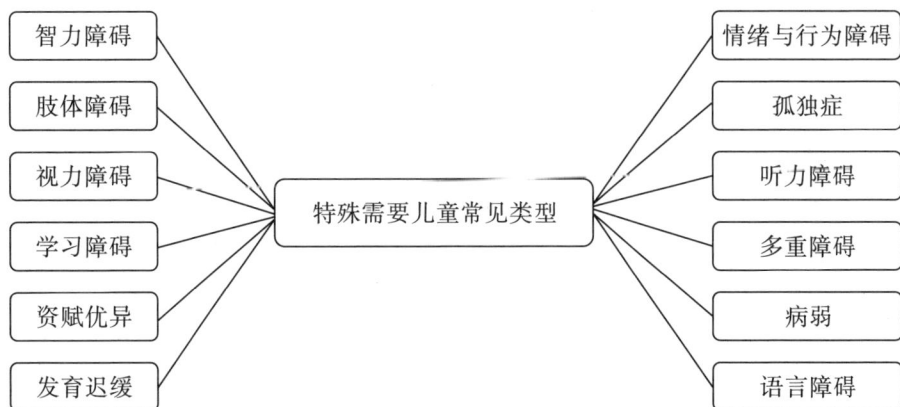

智力障碍
肢体障碍
视力障碍
学习障碍
资赋优异
发育迟缓

特殊需要儿童常见类型

情绪与行为障碍
孤独症
听力障碍
多重障碍
病弱
语言障碍

特殊需要儿童常见类型

注：本图据《美国特殊教育百科全书》制作。

板块二 理解差异性

一、语言障碍

据梁丹丹所著《儿童语言障碍引论》，语言是音义结合的符号系统，包括语音、语形、语义、语用；语言障碍指以上语言层面中的任何一个或多个出现产出和（或）接受障碍。

二、沟通

沟通是指讯息的接收与传递，即意见的交流。传递者将讯息加以编码（encode）并传递，接收者收到讯息后再加以解码（decode）。在讯息的传递过程中，双方必须确认自己所表达的意思能被彼此了解。以上任何一个流程无法完成，都会导致沟通障碍。

如果一个人在沟通循环中的任何一个步骤出现困难，其反应就会较慢，沟通循环也有可能被打断。这可能是理解困难或表达困难造成的，或者两者都有。

三、案例分享

1.基本情况

小林，男，被医院诊断为精神发育迟滞、听力障碍，已佩戴人工耳蜗。

小林注意力容易分散；能理解简单的手势、图片等符号，简单的常用词汇，单个步骤的指令；能做简单的声音模仿，但受限于听力障碍，有些发音不太相似，在重复发音及视觉提示下能模仿出更相近的发音。

小林作为新生刚来学习，每日有例行的学习活动与常规的学校生活。

老师期待小林能够更好地理解并参与学习活动，但有时候小林会因为不理解老师的教学要求而不配合，或者因为未能达到自己的要求而发脾气、哭闹。老师希望小林能提高沟通能力和学习沟通礼仪，从而更好地表达自己，在学习上有更好的表现。

2.老师的努力

（1）做好宣导：老师向班上同学介绍小林的特殊情况，选好帮助小林的帮扶"小天使"，也请大家一起来帮助他。

（2）吸引注意力：由于小林的注意力容易分散，在他学习之前，要先引导他集中注意力。例如，叫他的名字后说"留心听"，并对全班发指令"一二三，请坐好"；拍手三下，拍拍小林，敲敲他的桌子。

（3）安排合适座位：在安排班级座位时充分考虑小林的听力情况，老师会站在他左侧，利于他接收语音。

（4）利用图文卡片沟通：任课老师会根据其他老师的反馈以及观察小林在班级活动中的表现，确定其需要理解或想要表达的内容（例如老师的指令），找出相应的图文卡片并做成沟通板。其他学生也会看到沟通板，能够更快地知道老师的要求，有时候老师会请帮扶"小天使"帮忙拿沟通板告诉小林要做什么。

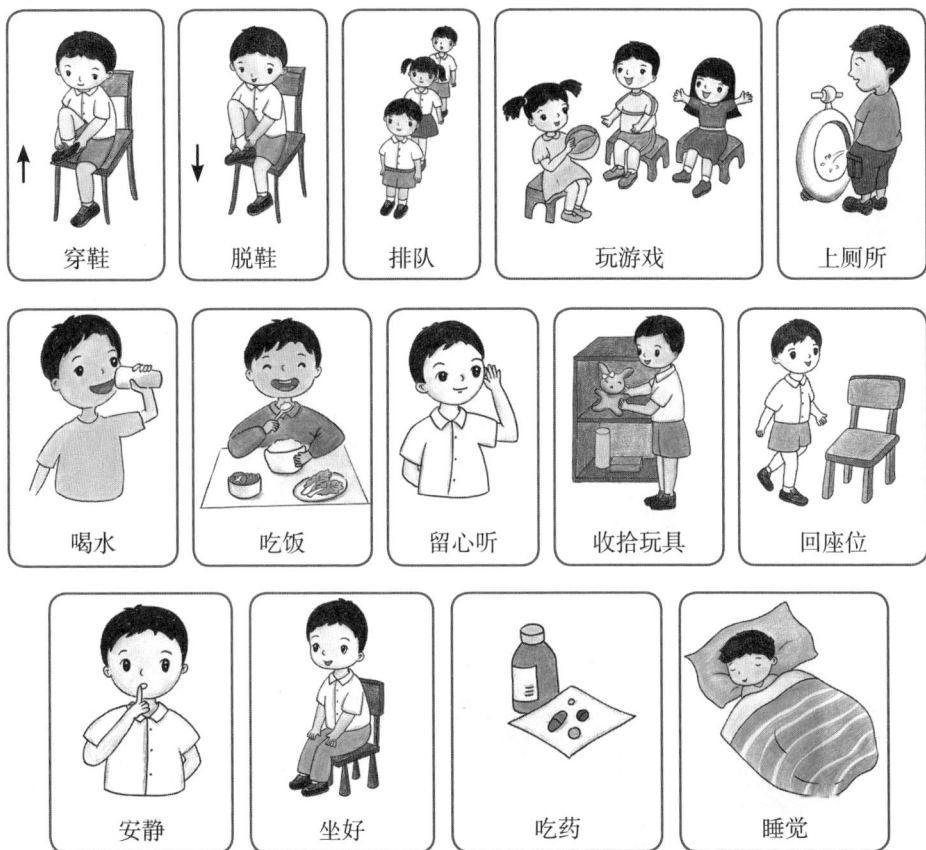

穿鞋	脱鞋	排队	玩游戏	上厕所
喝水	吃饭	留心听	收拾玩具	回座位
安静	坐好	吃药	睡觉	

图文卡片示例

（5）借助沟通辅具上课。

在课堂学习中，老师会根据学习内容和小林的认知情况，在沟通辅具上设计沟通界面来提高其语言理解与表达能力。例如，在沟通软件中加入图片与文字后，该软件会自动生成语音。小林按压图片后，能听到相应的语音。这时，小林可以仿说语音的内容，老师和其他同学能够根据图片、语音理解小林想要表达的内容。小林在学习活动中，可按压相应图片，分享所见所闻。

这是	花	草	树
我找到	蝴蝶	蜜蜂	小鸟
我喜欢	鸭子	青蛙	蝌蚪

沟通界面示例

（6）结合情境教小林简单的手势语（例如"饭（吃、吃饭）、喝、厕所、排队"），告诉他点头表示"好""是"、摇头表示"不好""不是"，帮助他表达需求。

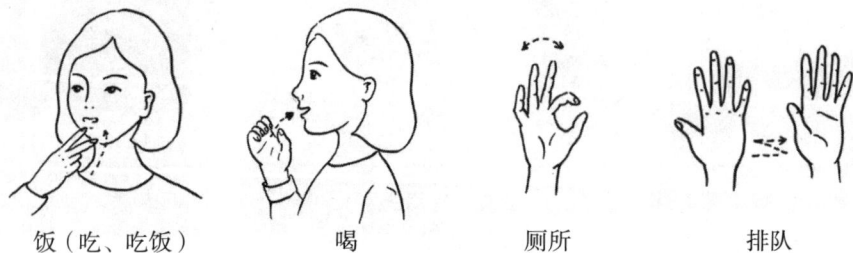

| 饭（吃、吃饭） | 喝 | 厕所 | 排队 |

手势语示例

（7）若小林不能理解老师的指令，或者因为有自己的想法而表现执拗，老师会请帮扶"小天使"做示范；如果在尝试解释后小林还是不愿听从，老师会给予他一定的时间自处。

3. 家长的努力

（1）配合老师的教学。

（2）丰富孩子的生活经验，多带孩子去不同的地方，参加不同的活动，做不同的事情，接触不同的人和物。利用照片、视频给孩子回顾事件。

（3）通过绘本阅读，指引孩子看图，向其提出简单的问题，以提高其读图能力、问题理解能力。

4. 同伴的支持

（1）在活动过程中，老师会找来帮扶"小天使"，在小林排队、转换活动时提醒他。在帮扶"小天使"的帮助下，小林大多时候都能理解老师的要求。

（2）课堂上，老师在提出要求时，会请帮扶"小天使"把图文卡片拿给小林看，让他知道学习内容。

5. 小林的进步

虽然小林的听力没有提高，依旧要依靠人工耳蜗，但是他在学校生活中表现出很大的进步，因为理解了老师的要求，所以减少了发脾气的情况，课堂参与度也越来越高，同学们都喜欢跟他玩。

板块三　家长的第一步

引言

特殊需要儿童的进步有赖于社会的共同努力，家长朋友们，除了支持自己孩子与特殊需要儿童融合学习外，你们的带头作用也很重要哦！也许你们可以这么做：跟孩子一起给特殊需要儿童买合适的礼物；跟孩子一起聊聊特殊需要儿童的闪光点；带孩子参加相关志愿活动，体验帮助他人的快乐；与孩子共读相关绘本等书籍、观看普校录制的绘本讲读视频，以及欣赏相关电影……

结语

以点扩面，当家长了解了特殊需要儿童的差异性，并将正确观念传递给自己孩子，孩子也会将这一观念继续传递出去，那么特殊需要儿童将不再特殊。让我们行动起来，一起接纳、关心和帮助他们吧！

第❻课　走进性教育天地

设计者：钟春玲（广州市海珠区宝玉直实验星悦小学）

指导者：吴小文（广州市海珠区教育发展研究院）

▶ 活动目标

（1）向家长普及未成年人应知的性与生殖健康知识。

（2）让家长认识到对孩子进行性教育的必要性，进而通过亲子活动让孩子认识性，帮助孩子形成正确的"性"价值观。

（3）介绍性教育的有关内容和方法。

▶ 活动重点

了解孩子青春期的身心变化特点，以及如何正确开展性教育。

▶ 活动难点

如何正确开展性教育，帮助孩子形成正确的"性"价值观。

▶ 活动准备

活动设计、活动讲稿、活动课件、活动手册。

▶ 活动过程

板块一　理论学习，加深认识

一、0~14岁未成年人的身体变化

人的成长有一个重要阶段——性发育从成熟转向成熟，通俗地说，就是

从儿童到成人的过渡时期。一般来说，女孩发育早于男孩，女孩大概是从 10 岁开始，男孩大概是从 12 岁开始。

提问：家长们，你们知道孩子进入青春期后身体会有什么变化吗？

二、各年龄段孩子的性认识

孩子的性认识一般是从 4 岁左右开始，一直持续到青春期。

1. 3 ~ 5 岁普通孩子的性认识

这个阶段的孩子会玩"医生看病"游戏、跟洋娃娃玩关于性的探索游戏，以及模仿大人的行为，例如掀起同伴的衣服看其身体，把洋娃娃的衣服脱光，追着看宠物的屁股或观察填充玩具的屁股。这是孩子认识自己和他人身体的方式，主要受好奇心驱使。

2. 5 ~ 6 岁普通孩子的性认识

5~6 岁是想象力活跃的阶段，孩子会产生关于身体的各种奇异幻想，因此家长应告知孩子关于身体及其功能的简明而准确的信息。这个阶段的孩子会很努力地发展作为男孩或女孩应该表现的性别角色行为，会模仿同一性别的父母，并且将其了解到的性别特征付诸行动。

3. 6 ~ 9 岁普通孩子的性认识

这个阶段的孩子智力发展迅速，生平第一次有能力真正理解怀孕、生育等过程，但他们仍然不能理解关于性的更深层次的内容。他们首次关注自己是否与他人一样，开始注意那些与自己不一样的事物，例如双胞胎、连体婴、特殊需要儿童。他们开始模仿同伴的穿衣和说话方式。

4. 9 ~ 14 岁普通孩子的性认识

青春期或即将进入青春期的孩子需要了解，每个人都不一样，这是正常的，而且所有人终将度过青春期，所以青春期带来的焦虑和惶恐不是永远存在的。这个阶段的孩子应该知道，他们并不是孤立无援地面对未知，男孩们会关心自己阴茎的大小、女孩们会关心自己乳房的大小；很多青春期的孩子都会对自己的体重或体型不满。家长应再三向孩子说明，没有两个人是完全一样的，有差异很正常。

三、"性"成长的表现

"性"成长的表现：例如，女孩爱打扮，男孩爱抓女孩的辫子。

共性：爱与异性同学玩闹以引起对方注意；会以抚摸的方式认识自己的身体。

板块二 亲子学习，认识"性"成长

家长应教育孩子正确地理解"性"，帮助孩子树立两个重要观念：

（1）我们要正视身体的变化。不因自己的生理变化而自卑，是我们对自己的尊重；不嘲弄同伴的生理变化，是我们对同伴的尊重。

（2）在追求形体、仪表外在美的同时，也要提高品德和文化修养，展现内在美。

家长还要教孩子学会自我保护、自我护理。

家长活动一：关于隐私部位的社会规范

你身边经常会有其他人存在。在家里，你可能会和家人一起在厨房、在客厅。当你出门后，在商店里，会有很多人在你身边，在学校、在公交车或地铁里，也会有其他人在场，还有很多地方也是这样。当你身边还有其他人时，无论在家里或别的地方，都要遵守一些社会规范，包括：

遮挡自己身体的隐私部位。

不要在别人面前触碰自己的隐私部位。

不要随便跟别人谈论自己的隐私部位及其功能（例如尿尿）。

不要触碰别人的隐私部位。

不要盯着别人的隐私部位。

不要和别人谈论他们的隐私部位。

家长活动二：自我护理

自我护理学习内容

身体变化	个人卫生要求	需要购买的东西
多汗或有体味	多洗澡	沐浴液
	如果为自己的体味感到烦恼的话，用止汗喷雾	（备选）止汗喷雾
头发变得油腻	增加洗头次数	洗发水

（续上表）

身体变化	个人卫生要求	需要购买的东西
长青春痘	每天至少清洗两次面部和其他油脂分泌旺盛的部位	洗面奶
	如果为青春痘感到烦恼的话，使用除痘软膏或面霜	（备选）除痘软膏或面霜
乳房发育	戴文胸	文胸
来月经	用卫生巾	卫生巾
长胡子	刮胡子	剃须刀
长阴毛	清洁、修剪	修剪刀

资料来源：英国DK公司．DK儿童人体百科全书．郑伯承，译．北京：中国大百科全书出版社，2023.

板块三 我们都一样

特殊需要群体跟普通群体的生理发展曲线是一样的，有一样的生理需求，不一样的是我们会在公众场合控制自己的言行举止，而他们对于在什么场合能做什么事却分辨不清。因此，家长应告诉孩子，遇到特殊需要儿童的一些"怪"行为时不要害怕，也不要嘲笑或模仿他，可以提醒他相应的处理方法，选择恰当的方式去帮助他，告诉老师，或者走开。

学习途径

（1）阅读性教育主题绘本。

推荐书目：

［1］尼古拉斯·艾伦．小威向前冲．李小强，译．贵阳：贵州人民出版社，2008.

［2］美国迪士尼公司．我们的身体．邢立达，译．武汉：湖北少儿出版社，2009.

（2）阅读儿童自我保护安全教育绘本。

（3）观看性教育主题视频。

参考文献

英国DK公司．DK儿童人体百科全书．郑伯承，译．北京：中国大百科全书出版社，2023.

面向学生的融合主题绘本宣导活动：

绘课程

第❶课　你是我的光

设计者：任振安（广州市海珠区知信小学）

指导者：吴小文（广州市海珠区教育发展研究院）

▶ 绘本简介

书名：躲猫猫大王

作者：张晓玲

出版社：明天出版社

内容：

《躲猫猫大王》讲述了以下故事：小勇是我儿时最好的伙伴，我们一群人常玩躲猫猫，小勇总是第一个被抓到。后来我教他钻进柴堆、爬上门头，他便没有被抓到，还赢得了"躲猫猫大王"的称号。之后他就很少赢过。后来，我们上学了，小勇却没上，他还因为分不清一块和十块，被爷爷留在家里。在爷爷过世后，爸爸来接小勇走，但那天一大早，小勇就不见了。我们到处找啊找，就是没找着。最后我们齐喊："小勇，你出来吧，算你赢了。"小勇从油菜花地里走出来，跟着爸爸走了。他的身后响起："小勇，你是躲猫猫大王！"

这个故事中的"我"是一个小女孩，玩躲猫猫的时候，她总是帮助小勇躲起来，掩护小勇使他不被抓到。故事中还有一群孩子，他们愿意接纳小勇，跟他一起玩躲猫猫。

▶ 活动目标

（1）认真阅读绘本，了解故事内容。

（2）小组合作学习，认识特殊需要儿童小勇。

（3）能对特殊需要儿童予以尊重，并主动提供合适的帮助。

> **活动重点**

通过绘本导学，能对特殊需要儿童予以尊重，并主动提供合适的帮助。

> **活动难点**

能对特殊需要儿童予以尊重与关怀。

> **活动准备**

（1）绘本《躲猫猫大王》若干本。
（2）本次活动的课件。
（3）本次活动的学习手册。
（4）面积大于双脚的纸若干。

> **活动过程**

板块一　绘本激趣，感悟不同的爱

一、引入绘本故事

引言

大家喜欢玩躲猫猫吗？今天老师带来了一本绘本——《躲猫猫大王》。

故事中的小勇是怎样成为躲猫猫大工的呢？

故事中还有一群友善的小朋友，他们是谁呢？

我们现在跟随视频一起了解这个故事吧！

二、讨论交流，研读绘本故事

（1）观看绘本故事视频。

（2）悟一悟：你最喜欢故事中的哪个人物？小勇，小女孩，还是其他小伙伴？

（3）讨论：请尝试分析一下故事中人物的特点。

小勇：可能有智力障碍。

小女孩：善良，因为能帮助小勇而感到快乐。

其他小伙伴：善良，和太阳一样温暖。

（4）提问：你可能会教小勇躲到什么地方？

板块二　游戏体验

一、游戏要点

通过协作成功完成游戏。

二、游戏规则

分2个小组游戏，每组6人，每人脚下踩一张纸，最后一个人的手里还拿一张纸。

游戏开始后，把纸依次向前传至第一人，让其将这张纸放在前方脚能跨到的地方，后面的人依次向前移动，看哪一组先到终点。

三、游戏感悟

提问：

（1）如何合作做好一件事？

（2）活动中的每一个人是否同样重要？能把速度慢或出错的队员抛弃吗？

板块三　聚焦融合，升华绘本故事

一、静思角

（1）提问：小勇最后一次躲起来，没有人教他如何躲，他却躲得这么好，是因为什么？（与同伴有很深的感情，不愿离开。）

（2）思一思：将来小勇还能遇到这样的小女孩吗？还能遇到这样一群小伙伴吗？

二、关爱阁

（1）提问：你所在的班级、学校或小区里，有像小勇一样需要照顾的小朋友吗？

（2）小组讨论：如果你的班里新转来一个像小勇一样的小朋友，你会和他一起玩游戏吗？

三、我是小小宣传员

引言

课后，请把《躲猫猫大王》这个绘本故事讲给你的父母或小伙伴听，分享这节课的收获吧！

座位安排

教师

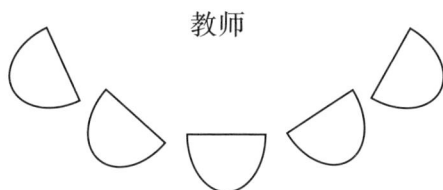

每个半圆坐 8 个学生

活动板书

躲猫猫大王

小女孩　　小勇　　其他小伙伴

爱与尊重

设计意图

课前引导学生讨论自己曾经得到的帮助，并分享当时的感受。

此次活动旨在通过阅读绘本《躲猫猫大王》及活动设计，让学生感悟：相遇就是美好，我们都是社会中的一员，要善于发现别人身上的闪光点，能够对特殊需要儿童予以尊重，并主动提供合适的帮助，让他们和我们一起快乐生活。

第 ② 课　我的特别爱好

设计者：陈丽敏（广州市海珠区启能学校）

指导者：吴小文（广州市海珠区教育发展研究院）

▶ 绘本简介

书名：多多的鲸鱼

作者：葆拉·克拉思、帕特里克·施瓦茨 / 著，贾斯汀·卡尼亚 / 绘，王漪虹 / 译

出版社：华夏出版社

内容：

《多多的鲸鱼》是一个关于孤独症孩子多多和他的鲸鱼的故事，以芝加哥一所公立学校的真人真事为原型。多多是一个爱鲸鱼胜于一切的男孩，当他在入学第一天被告知不能带鲸鱼玩具入校时，他崩溃了。校长发现鲸鱼能帮助多多学习后，便与其他老师和同学们一起，充分利用鲸鱼对其开展教育教学。鲸鱼不仅能满足多多的心理需要，还能对他起到教导、安慰和激励的作用。

▶ 活动目标

（1）认真阅读绘本，理解故事内容。

（2）了解有特殊爱好、固念的儿童的特点及其与普通儿童的差异。

（3）能够对有特殊爱好、固念的儿童予以尊重，并主动提供合适的帮助。

▶ 活动重点

（1）认真阅读绘本，理解故事内容。

（2）了解有特殊爱好、固念的儿童的特点及其与普通儿童的差异。

▶ 活动难点

（1）能够对有特殊爱好、固念的儿童予以尊重。

（2）能够主动向有特殊爱好、固念的儿童提供合适的帮助。

▶ 活动准备

（1）绘本《多多的鲸鱼》若干本。

（2）本次活动的课件。

（3）本次活动的学习手册。

▶ 活动过程

板块一 话题导入，揭示绘本故事

一、话题导入

提问：你有没有最爱的东西？如果有，是什么？

二、揭示绘本故事

引言

今天我们来学习一个绘本故事——《多多的鲸鱼》。【展示绘本封面】

提问：故事主人公叫多多，你猜猜他的心爱之物是什么？

板块二 讨论交流，研读绘本故事

一、听绘本故事，了解学习要求

教师利用绘本讲述故事，引导学生了解故事内容。

二、讨论交流，复述故事内容

提问：

（1）老师为什么没收多多的鲸鱼玩具？

（2）校长建议老师把鲸鱼玩具还给多多，理由是什么？

三、好点子

了解故事中的老师和同学们是怎样根据多多的特别爱好帮助他学习的。

提问：

（1）老师做了什么？

（2）同学们做了什么？

（3）我们还可以怎样做？

四、游乐场：写一写

（1）请你用老师的方法给多多算出数学题答案。

（2）你可以用老师的方法给多多出一道数学题吗？

五、思考

提问：什么东西可以帮你建立安全感？请结合自己的经历谈谈对安全感的认识。

六、小组讨论

学完这个故事，你有什么话想说？请选择你感兴趣的话题，在小组内交流：

（1）如果你是校长，你会怎么处理多多带玩具来学校这件事？

（2）你想与故事中的哪个人物（多多、校长、老师、其他同学）说话？想说些什么？

（3）说说你学习这个故事的收获。

板块三 聚焦融合，升华绘本故事

一、游乐场：欢迎多多来我们班

1. 小组讨论

学校要组织一次才艺展示活动，多多也想参加，你打算邀请他做什么呢？请给多多画或写一份邀请函吧！

2. 总结

每个人都有自己的才艺特长，都有自己的兴趣爱好。

我们都喜欢安全舒适的感觉，都希望自己变得更好。

二、诗朗诵

我们都一样

有这么一群孩子，他们跟我们有一点点不同，

有这么一群孩子，他们有时候不太会表达自己，

有这么一群孩子，可能他们喜欢某样东西时会比较偏执……

但他们和我们一样，都拥有梦想，都有善良的心；

他们和我们一样能跑，甚至能完成半程马拉松；

他们和我们一样能画，举办画展，用画笔挥洒激情；

他们和我们一样能歌，会乐器，能表演舞台剧；

他们和我们一样能读，朗诵经典，融会贯通……

他们是星星的孩子，

来吧！我们都一样！

孩子们，我们都一样！让我们一起分享快乐和忧伤，一同向着阳光奋力飞翔，更美的世界就在前方！

三、实践区

请选择你感兴趣的内容完成：

（1）请把《多多的鲸鱼》这个故事讲给爸爸妈妈听。

（2）请和爸爸妈妈分享这节课的收获。

活动板书

多多的鲸鱼

最爱　　安全感　　最棒的自己

我们都一样

座位安排

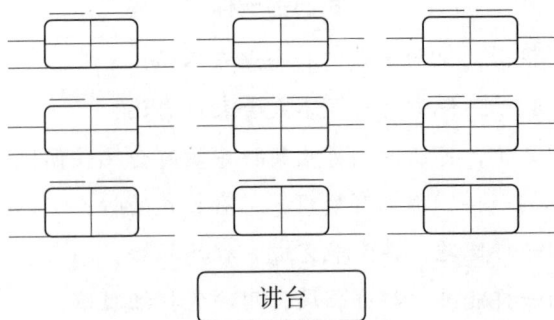

讲台

设计意图

课前引导学生讨论自己最爱的东西，并分享感受。

此次活动旨在通过阅读绘本《多多的鲸鱼》，以及"好点子"环节的思考，让学生感受这个孤独症孩子对于特别事物的依恋，以及这一事物给他带来的安全感，学会接纳孤独症孩子的特别爱好。在"游乐场：写一写"环节，学生可以感受特别的教学方式，尝试用特别的方式给多多出数学题，学习帮助孤独症孩子的方法。通过准备邀请函的活动，让学生从多多的角度出发，跟多多做朋友。在"诗朗诵"环节，让学生认识普通人跟孤独症患者的共同之处，从而懂得接纳特别的人。

在学习这个故事时，我们不希望给多多贴上标签，因为我们相信《多多的鲸鱼》传递的这个信念关乎每个孩子：孩子们带着自己的固念、特长和热情来到校园，作为教师的我们，应该尊重他们。我们要善加利用这些孩子的喜好，让他们成为最棒的独一无二的人！

第 ③ 课　　神奇的四句话

设计者：陈晓璇、何卫常（广州市海珠区聚德西路小学）
指导者：吴小文（广州市海珠区教育发展研究院）

▶ 绘本简介

书名：我变成一只喷火龙了

作者：赖马

出版社：河北教育出版社

内容：

《我变成一只喷火龙了》用幽默的手法描述了生气的情绪。阿古力是一只爱生气的恐龙，当他被会传染喷火病的蚊子波泰叮了一个包后，他会生气大叫，从嘴巴喷出火来。阿古力的生活、朋友都受到他的火力影响，直到他的泪水把火浇熄。

这个故事生动幽默地刻画了人物情绪的变化，可让孩子感受阿古力从愤怒到害怕、忧虑、伤心转而破涕为笑的过程，在笑声中了解生气造成的影响，从而促进孩子形成自我情绪管理意识。

▶ 活动目标

（1）认真阅读绘本，理解故事内容；能够仔细观察角色的动作和表情，体会阿古力心情的变化，感受阿古力和朋友们蕴藏的情绪。

（2）能够明白生气发怒的情绪会对自己和他人造成不良影响，初步建立情绪管理意识。

（3）学习自我情绪管理和情绪表达的正确方式，并与同学和睦相处。

▶ 活动重点

（1）理解故事内容，体会阿古力心情的变化，感受阿古力和朋友们蕴藏的情绪。

（2）建立情绪管理意识。

▶ 活动难点

学习自我情绪管理和情绪表达的正确方式，并与同学和睦相处。

▶ 活动准备

（1）绘本《我变成一只喷火龙了》若干本。

（2）本次活动的课件。

（3）本次活动的学习手册。

▶ 活动过程

课前小调查

（1）你知道情绪有哪些表现吗？

（2）你今天的情绪是什么样的？

板块一 热身圈：初读绘本

一、展示绘本封面，激发阅读期待

让学生观察绘本封面的图画，想一想：

（1）绘本封面的恐龙形象和你平常所看到的恐龙形象有什么不一样？

（2）这只恐龙可能发生了什么事？

二、初读绘本故事，整体感知

观看绘本内容视频，大致了解故事。

板块二 绘本馆：精读绘本

小组合作探究，讨论交流。

找出故事中关于下列问题的部分，想一想，说一说：

（1）阿古力生气的火造成了什么影响或后果？

（2）阿古力的朋友们有什么感受？

（3）阿古力用了哪些方法灭火？成功了吗？

板块三　好点子：迁移整合

联系生活实际，小组讨论交流。

（1）说一说自己最近一次生气的原因，以及发脾气时的情形。

（2）想一想发脾气对自己和他人造成的后果。

（3）说一说自己生气时会用哪些方法消气。

板块四　实践区：神奇的四句话

乐于分享，积极表达。

把"神奇的四句话"补充完整。（说事情、说感受、说原因、说希望）

板块五　拓展屋：续编故事

一、续编故事

以口头或绘画的形式续编故事。

二、总结

同学们，通过绘本故事《我变成一只喷火龙了》，我们认识到生气会对自己和别人造成很大影响。但是，生气是正常的，每个人都会生气。生气并不可怕，只要我们能用正确的方式去管理自己的情绪。希望大家在以后的生活中能运用我们今天学到的小方法——"神奇的四句话"去管理自己的情绪，与同学和睦相处。

座位安排

讲台（屏幕）									
1	2		活动区					5	6
3	4							7	8
过道									
9	10		13	14		17	18	21	22
11	12		15	16		19	20	23	24
过道									
25	26		29	30		33	34	37	38
27	28		31	32		35	36	39	40

注：图中数字代表学生编号。

活动板书

我变成一只喷火龙了

神奇的四句话

- 说事情：当_____的时候，
- 说感受：我真的很生气，
- 说原因：因为_____，
- 说希望：我希望_____。

设计意图

此次活动旨在通过阅读绘本《我变成一只喷火龙了》，让学生了解故事内容，仔细观察角色的动作和表情，体会阿古力心情的变化，感受阿古力和朋友们蕴藏的情绪，明白生气发怒的情绪会对自己和他人造成不良影响，初步建立情绪管理意识；学习自我情绪管理和情绪表达的正确方式，尝试使用"神奇的四句话"积极表达。

第 ④ 课　按节奏成长

设计者：任振安（广州市海珠区知信小学）

指导者：吴小文（广州市海珠区教育发展研究院）

▶ 绘本简介

书名：阿虎开窍了

作者：罗勃·卡鲁斯／文，荷西·阿鲁哥／图，王林／译

出版社：明天出版社

内容：

《阿虎开窍了》讲述了以下故事：阿虎是只什么事都做不好的小老虎，他不会读书、不会写字、不会画画，甚至不曾说过一句话，吃起东西来还邋里邋遢的。阿虎的爸爸非常担心，可是阿虎的妈妈说："没什么呀！阿虎只是开窍晚了些。"他们给了阿虎广阔的空间，让他能自由自在地成长。经过一年多的漫长等待，正如阿虎的妈妈所说：时间到了，阿虎开窍了！阿虎不仅会读书，还可以同时读6本书；不仅会写字，还可以同时拿3支笔写字；不仅会画画，还画得相当出色；不仅会说话，还可以说很长很完整的句子……

这个故事给那些晚开窍的孩子带去了莫大的安慰。那只"不会读书、不会写字、不会画画"的阿虎，没有因为样样比别人"差"而自卑、消沉，而是依旧快乐地按照自己的节奏成长。

▶ 活动目标

（1）读懂绘本故事。

（2）培养理解、尊重同伴的"慢节奏"的观念。

（3）感悟耐心等待、相互理解与尊重、善待他人的意义和价值。

▶ 活动重点

感悟耐心等待、相互理解与尊重、善待他人的意义和价值。

▶ 活动难点

（1）能够对能力较差、进步较慢的学生予以尊重。

（2）能够主动向能力较差、进步较慢的学生提供合适的帮助。

▶ 活动准备

（1）绘本《阿虎开窍了》若干本。

（2）本次活动的课件。

（3）本次活动的学习手册。

（4）一次性纸杯 100 个。

▶ 活动过程

板块一　预热导入

一、话题导入

话题 1

同学们，今天我们一起来做算术题吧！（5×5=？）

你觉得这个题目难不难呢？

让我们来看一个小视频吧！请大家看完视频后说说自己的感想。

话题 2

你知道什么是智力发展规律吗？

你是什么时候觉得计算 5×5 容易的呢？

（注意：选择班级内学习能力不同的学生回答。）

二、总结

每个人都有自己的智力发展时间，而且时间都不太相同，我们要理解别人的"慢节奏"。

板块二 阅读绘本，分享感悟

一、故事导入

（1）教师出示绘本，让学生齐读书名。

提问：同学们，请猜猜这个故事讲了什么？

（2）总结：同学们的想象力真丰富！接下来请欣赏故事《阿虎开窍了》。

二、话题讨论

（1）提问：这个故事中，你最喜欢谁？

（2）随机请学生说说故事中不同角色的特点。

阿虎的小伙伴：不嫌弃，不嘲笑，爱护同伴（他们懂得等待同伴；虽然阿虎会的他们早就会了，但他们也会为阿虎的进步感到高兴）。

阿虎的父母：爸爸可爱、深沉，虽有担心，但选择默默等待；妈妈慈爱，理解阿虎，懂得等待。

阿虎：不自卑、消沉，快乐地按自己的节奏成长。

板块三 聚焦"慢节奏"，升华绘本故事

一、游乐场：纸杯叠叠高

1. 游戏规则

四人一组，在一分钟内，不借助其他辅助工具，用纸杯进行叠高游戏。如果游戏中途纸杯倒了，分析原因后再进行尝试。

2. 分享活动感想

合作很重要，与同伴一起合作时，我们可以慢一点，可能会有意想不到的收获。

二、静思角

如果你身边有"慢节奏"的小伙伴，你会如何与他相处？

三、童画童话

（1）请发挥你的想象力，续编这个故事，可以尝试画一画。

（2）请向身边的人分享这个有关成长的故事。

座位安排

教师

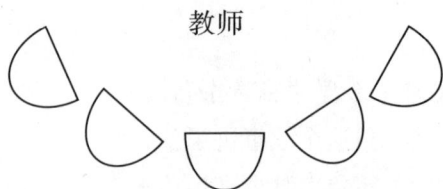

每个半圆坐 8 个学生

活动板书

阿虎开窍了

阿虎　阿虎的爸爸　阿虎的妈妈

等待

成长

设计意图

　　课前引导学生讨论自己曾经参加的合作活动,体会合作的重要性。

　　此次活动旨在通过阅读绘本《阿虎开窍了》,让学生在广大的世界中找到自己的位置,不要因为比别人"差"而自卑、消沉,而要快乐地按自己的节奏成长。要学会尊重同伴的成长,耐心等待,不要打乱其成长规律,培养健康的交友观、人生观。

　　作为教师,应给予学生足够的时间,让其学会从挫折中摆脱困难,慢慢进步。在"双减"背景下,家长也应学习阿虎的父母,放下焦虑,接受孩子的平凡,学会耐心等待。

第 ⑤ 课　我的好朋友

设计者：陈丽敏（广州市海珠区启能学校）

指导者：吴小文（广州市海珠区教育发展研究院）

▶ 绘本简介

书名：我的孤独症朋友

作者：贝弗莉·毕晓普 / 著，克雷格·毕晓普 / 绘，王漪虹 / 译

出版社：华夏出版社

内容：

《我的孤独症朋友》是贝弗莉·毕晓普为了向儿子的同学普及孤独症知识而作，以帮助儿子融入校园生活。该书以同伴的视角介绍了一个孤独症儿童，他就像普通儿童一样，有擅长的事情，也有不擅长的事情。书中内容包括感觉敏感性、沟通的差异、独特的游戏方式以及对常规的坚持等，用通俗易懂的语言诠释了孤独症，并生动地描绘出孤独症儿童有别于普通儿童的行为。本书有助于普通儿童了解孤独症儿童，从而与他们建立良好的伙伴关系，并发展出真正的友谊。无论是普通儿童，还是孤独症儿童，都各有所长，也都有做起来感到困难的事情。最重要的是，谨记每个孩子都有自己的价值，都有为这个世界做出杰出贡献的潜能。

▶ 活动目标

（1）认真阅读绘本，理解故事内容。

（2）小组合作学习，了解孤独症。

（3）能够对孤独症儿童予以尊重，并主动提供合适的帮助。

▶ 活动重点

（1）认真阅读绘本，理解故事内容。

（2）了解孤独症。

▶ 活动难点

（1）能够对孤独症儿童予以尊重。

（2）能够主动向孤独症儿童提供合适的帮助。

▶ 活动准备

（1）绘本《我的孤独症朋友》若干本。

（2）本次活动的课件。

（3）本次活动的学习手册。

▶ 活动过程

课前小调查

（1）你有没有对什么东西特别敏感？

（2）你听说过孤独症吗？

板块一 话题导入，揭示绘本故事

引言

今天我们来学习一个绘本故事——《我的孤独症朋友》。

孤独症儿童又称"星星的孩子"——黑夜里，一闪一闪的星星既美丽又孤独，它们离我们很远，但又似乎可以用手触摸。随着认知水平的提高，人们对"孤独症"一词已经不再陌生，但真正认识、接纳这一群体的人还是很少，这需要大家的共同努力。

请同学们看看封面，猜一猜：哪一个是孤独症儿童？他有什么特别的地方？

板块二　讨论交流，研读绘本故事

一、听绘本故事，了解学习要求

看图听故事，理解故事内容，了解学习要求。

二、结合学习单，复述故事内容

（1）"我的孤独症朋友"的听觉有什么特点？

（2）"我的孤独症朋友"的视觉有什么特点？

（3）"我的孤独症朋友"的味觉有什么特点？

（4）"我的孤独症朋友"的触觉有什么特点？

（5）"我的孤独症朋友"说话时有什么特点？

（6）"我的孤独症朋友"在接受变化时有什么特点？

（7）"我的孤独症朋友"在上课时有什么特点？

三、互动交流

学生结合自己的经历认识"敏感"，理解"我们都一样"。

四、观看视频

观看孤独症公益宣传片《一画一世界》，了解孤独症儿童。

五、话题导入

让学生了解故事中各个角色是怎样根据孤独症儿童的特点帮助他的。

提问：

（1）同学们做了什么？

（2）大人做了什么？

（3）我们还可以怎样做？

六、小组讨论

学完这个故事，你有什么话想说？请选择你感兴趣的话题，在小组内交流：

（1）如果班里有一个孤独症同学，你会怎样帮助他？

（2）你想对故事中的孤独症儿童和"我"说些什么？

（3）说说你学习这个故事的收获。

（4）你对孤独症儿童最深刻的印象是什么？

板块三　聚焦融合，升华绘本故事

一、小组讨论：欢迎孤独症同学来我们班

（1）提问：学校要组织一次运动会，老师将邀请孤独症同学加入大家的活动，你会怎么跟他沟通？打算跟他玩些什么？

（2）总结：我们都一样，都有特别敏感的时候，都有不理解的东西，都有需要帮助的时候。

二、游戏：我来画，你来猜

（1）游戏规则：嘴巴不能说话，只能通过画图让其他同学来猜你想表达的意思。

（2）提问：当别人猜不出你想表达的意思时，你有什么感受？

（3）总结：同学们，其实这些来自星星的孩子离我们并不远，也许就在我们身边，他们和我们一样，都是独一无二的。就像绘本中所说，他们和我们一样，有些事情做得很出色，有些事情却需要别人帮忙。虽然他们的行为举止有时候很难懂，但是只要我们愿意认识、理解、接纳、包容他们，友谊和爱会让我们和他们成为好朋友。你们愿意和老师一起努力吗？

三、实践区

请选择你感兴趣的内容完成：

（1）请把《我的孤独症朋友》这个故事讲给爸爸妈妈听。

（2）请和爸爸妈妈分享这节课的收获。

座位安排

教师

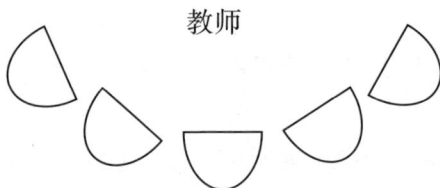

每个半圆坐 8 个学生

活动板书

我的孤独症朋友

敏感　　不理解　　帮助

做朋友

设计意图

　　《我的孤独症朋友》是一本介绍孤独症儿童的绘本，也介绍了作为孤独症儿童的朋友应如何认识、帮助他们。

　　此次活动旨在通过阅读绘本《我的孤独症朋友》，让学生了解孤独症儿童的特点及其需要帮助的地方。通过孤独症公益宣传片《一画一世界》了解孤独症儿童的特长。通过讨论，进行思维碰撞，细化帮助孤独症儿童的具体行动。通过游戏等活动，更深刻地体会孤独症儿童的特别。

第 6 课　伸出手，传递爱

设计者：陈晓璇、何卫常（广州市海珠区聚德西路小学）

指导者：吴小文（广州市海珠区教育发展研究院）

▶ 绘本简介

书名：当手指跳舞时

作者：方锐／文，孟可／图

出版社：海豚出版社

内容：

《当手指跳舞时》通过感人的小故事和画风清新的插画，描述了"我"和听障爸爸妈妈一起生活的场景。一开始不理解父母的"我"，逐渐被父母感化，对现实生活由抗拒到一步步接受，进而愿意去帮助别人。

▶ 活动目标

（1）了解绘本故事，说出自己的感悟。

（2）能够在生活中接纳、关心与尊重听障朋友，有恰当言语或行为。

（3）建立同理心，理解和尊重听障朋友。

▶ 活动重点

（1）理解故事内容，感受生命的多样性，了解听障人士以及他们的世界。

（2）愿意用积极的心态去帮助别人解决困难。

▶ 活动难点

能够在生活中接纳、关心与尊重听障朋友，有恰当言语或行为。

▶ **活动准备**

（1）绘本《当手指跳舞时》若干本。

（2）本次活动的课件。

（3）本次活动的学习手册。

（4）耳塞、成语卡片、词卡。

▶ **活动过程**

课前小调查

（1）你在生活中见过听障人士吗？

（2）你知道听障人士的交流方式是什么样的吗？

板块一 **热身圈：玩一玩**

一、游戏：传声筒

游戏规则：选取两组学生，每组五人。各组传一个成语，依次通过口语小声传递，最后一人说出成语。

二、讨论

说说口语、声音对我们生活的帮助。

板块二 **绘本馆：说一说**

引言

今天让我们一同阅读绘本《当手指跳舞时》，探寻手指的奥秘，感悟浓情的爱。

四人小组带着以下问题阅读绘本，完成任务单，请小组代表回答：

（1）卡卡的生日愿望是什么？

（2）卡卡的爸爸妈妈不幸被病魔偷走了什么？

（3）为什么奶奶可以和爸爸妈妈"说话"？

板块三　游乐场：猜一猜

一、话题引入

提问：卡卡的爸爸妈妈不会说话，卡卡要怎么和爸爸妈妈沟通？（手语）

二、游戏：你来比画，我来猜

引言

我们通过一个小游戏来体验一下。

游戏规则：两人一组，一人抽词卡，依照词语内容用肢体表演出来（注意：一定不能用口语表达），另一人负责猜。

板块四　拓展屋：说一说

一、小组讨论

四人小组讨论以下话题：

（1）需要给听障朋友传递信息，你有什么好办法？（例如写字、画图、使用手语）

（2）生活中有哪些设施设备或举措方便听障人士获取信息？（例如，公交车站、地铁站有电子显示屏播放车辆到达信息，车身显示标识；语音转文字设备；新闻节目手语播报）

新闻节目手语播报

（3）你遇到过听障人士吗？你知道哪些听障人士获得的成就？（例如：

①无声面包店、咖啡店：店里的收银员、西点师、咖啡师等员工大部分是听障人士。出单、收款、打包，一切都在无声中进行，员工全靠纸笔、卡片、手语与顾客交流。②舞蹈表演：有听力障碍的舞者邰丽华在春节联欢晚会上领舞《千手观音》，让全国观众惊叹不已。她的故事，犹如一部无声的传奇，让人们见证了一位听障人士的坚韧与才华。）

二、总结

同学们，如果你们遇到了使用手语的人，请投以诚挚的微笑；你们还可以学习一些简单的日常手语，在他们有需要时，和爸爸妈妈一起去帮助他们。伸出手，传递爱，让我们在友爱的世界里共同成长。

板块五　实践区：做一做

一、学习日常手语

例如：早上好、你好、对不起、谢谢、不用谢。

二、实践活动

（1）跟爸爸妈妈分享绘本故事《当手指跳舞时》。

（2）尝试学习表演一段手语舞。

（3）推荐书目：《我的妹妹听不见》。

座位安排

讲台（屏幕）								
1	2		活动区				5	6
3	4						7	8
过道								
9	10		13	14		17	18	21	22
11	12		15	16		19	20	23	24
过道								
25	26		29	30		33	34	37	38
27	28		31	32		35	36	39	40

注：图中数字代表学生编号。

活动板书

当手指跳舞时

伸出手，传递爱

设计意图

　　此次活动旨在通过阅读绘本《当手指跳舞时》，结合一系列有趣的体验活动，让学生感受生命的多样性，了解听障人士以及他们的世界，学会关爱自己、关爱他人，既会自助也会助人。

第 7 课　特别的朋友

设计者：钟春玲（广州市海珠区宝玉直实验星悦小学）

指导者：吴小文（广州市海珠区教育发展研究院）

▶ 绘本简介

书名：锵锵呜哩哇啦

作者：方锐 / 文，孟可 / 图

出版社：海豚出版社

内容：

《锵锵呜哩哇啦》中的锵锵是一名唐氏综合征儿童，这是一种先天性疾病，目前的医学技术还无法治愈。这类群体智力低于正常水平，说话不清楚，看东西费劲，可能还伴有心脏病、消化道疾病等。但他们也有很多优点，如单纯、善良，有的还擅长跳舞、唱歌、画画等。和我们一样，他们希望得到别人的肯定、喜欢交朋友，只是表达友好的方式有一点点不同。如果你看到唐氏综合征儿童在独自打球、画画、听音乐、跟着节拍跳舞，可以尝试加入他；还可以在他做康复训练时帮他打气。

▶ 活动目标

（1）了解唐氏综合征群体。

（2）接纳特殊需要儿童，学着和他们做朋友。

（3）学会尊重与欣赏他人。

▶ 活动重点

（1）了解唐氏综合征征群体。

（2）了解特殊需要儿童。

（3）学会尊重与欣赏他人。

▶ 活动难点

能够发自内心地认同、接纳特殊需要儿童，并尝试和他们做朋友。

▶ 活动准备

（1）绘本《锵锵呜哩哇啦》若干本。

（2）学生课前阅读绘本，收集唐氏综合征群体的相关资料。

（3）教师准备多媒体课件和学习资料包。

（4）不同颜色的玻璃纸、一些颜色鲜艳的物品。

▶ 活动过程

板块一 话题导入，回顾绘本故事

引言

同学们，在这节课前，我们已经对这个故事进行了初步了解。在我们的生活中，在校园里，也有和锵锵一样的同学，他们不善言辞，不会主动与他人沟通交流，让人觉得不可接近。

接下来，让我们一起走进锵锵的世界，回顾一下故事里发生了什么，请大家来讲一讲。

板块二 小组交流，讨论重要情节

引言

你对这个故事中的哪些场景有比较深刻的印象？请写在任务单上，并在小组内说一说原因。

板块三 讨论交流，研读绘本故事

学生结合令自己印象深刻的场景，理解绘本故事内容。

一、认识特别的朋友

【场景1】锵锵的唐氏综合征表现。

在这节课前，教师布置了预习任务：请学生了解唐氏综合征相关知识。

课上，教师先对唐氏综合征进行科普，再让学生说一说唐氏综合征儿童的特征。

【场景2】①锵锵向妹妹眨眨眼。②锵锵要么整天怒气冲冲，要么一言不发。

引导学生讨论要点：锵锵因为患有唐氏综合征而智力低下，对"妹妹"的含义不了解，不会表达情感，也不会正确地表达情绪。

提问：锵锵很孤独，请你结合自己的日常生活说一说：什么情况下你会感到孤独？这种情况下你会怎么做？

二、接纳特别的朋友

【场景3】大家都在欺负锵锵。

引导学生讨论要点：大家都在欺负锵锵，没有人喜欢他。虽然小伙伴嘲笑他，但是他一想到妹妹就觉得有趣，脸上露出了笑容。他是喜欢妹妹的，只是不知道如何与妹妹相处。

提问：欺负锵锵的人做得对吗？如果不对，应该如何纠正？我们要怎样与特殊需要儿童相处呢？

唐氏综合征儿童需要我们去关爱，渴望与我们做朋友。

【场景4】锵锵挡在野狗面前。

提问：如果是你遇到这样的情况，你会怎么办？说一说并试着演一演。

三、欣赏特别的朋友

【场景5】父母对锵锵的态度前后反差很大，锵锵自己也有很大变化。

引导学生讨论要点：①锵锵很勇敢，不惧怕野狗；②爸爸妈妈对锵锵的态度变好了，大家都叫他勇士。

板块四 游戏体验：变色的世界

一、游戏目的

让学生体验用不同颜色的玻璃纸看物品，懂得这就如同用不同的眼光看人，会对人产生不同的看法。

二、游戏准备

不同颜色的玻璃纸、一些颜色鲜艳的物品。

三、游戏过程

（1）请学生上台，透过不同的玻璃纸看所准备的物品，说出其颜色，并分享感受。

（2）请学生拿下玻璃纸，再次说出物品的颜色，并分享感受。

板块五　主题铺开，学会欣赏特别的人

一、观看视频，讨论交流

（1）播放庄明华相关视频，学习欣赏特殊需要儿童。（庄明华虽患有唐氏综合征，却拥有极高的绘画天赋。）

（2）讨论：结合视频，谈一谈校内的唐氏综合征儿童。（唐氏综合征儿童和我们一样，有自己的生活和兴趣爱好，在学校里勤奋学习，努力让自己变得更好。）

二、完成任务单

让学生填写任务单，并请个别学生进行分享。

任务单主题：当你遇到特殊需要儿童时，你会对他说些什么？请将你想对他说的一句暖心话写在任务单上。

板块六　聚焦融合，升华绘本故事

一、话题导入

提问：学完这个故事，你有什么收获呢？

二、总结

在爸爸妈妈眼里，你是独一无二的。无论你是高是矮，是胖是瘦，你都是他们的宝贝。同样地，我们不要在乎别人怎么说，要学会接纳与我们不一样的人，欣赏他们的优点，尊重并包容他们与我们的不同之处。

美好的时光总是过得太快，让我们一起做《我们都一样》的手势操结束今天的课吧！

座位安排

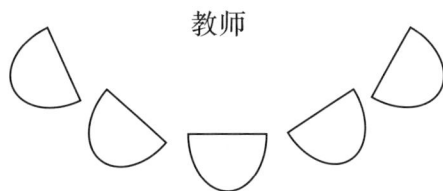

教师

每个半圆坐 8 个学生

活动板书

锵锵呜哩哇啦

接纳　　欣赏

设计意图

　　中年级普通学生在之前的校园生活中已经学会了交朋友，能与同学一起学习、玩耍。然而，他们可能还不了解，在这个世界上，有这样一类人，虽然在样貌上与他们区别不大，但是在学习、与人沟通、交朋友、解决问题等方面存在困难，还可能受到社会上一部分人的歧视。这个年龄段的学生还处在对这个世界的初步认识阶段，价值观还未完全成熟，目前只掌握了与普通学生交朋友和相处的方法。希望在教师的引导下，这些普通学生能够建立尊重特殊需要学生的价值观，学会接纳、包容他们，进而能够欣赏他们。

第 8 课　互相尊重，和谐相处

设计者：区丽华（广州市海珠区东风小学）

指导者：吴小文（广州市海珠区教育发展研究院）

绘本简介

书名：不一样也没关系

作者：克莱·莫顿、盖尔·莫顿／著，亚历克斯·梅莉／绘，王漪虹／译

出版社：华夏出版社

内容：

《不一样也没关系》以孤独症儿童第一人称，描述了他眼中的普通儿童的特征。两个有孤独症的人可能表现出截然不同的特征。该书所描述的部分特征可能完全符合某一孤独症儿童，而其他特征可能完全不符。这些不同并不代表他的谱系程度更轻或更重，这是上天给予他的独一无二的礼物。

活动目标

（1）认真阅读绘本，理解故事内容。

（2）小组合作学习，了解有特殊爱好、固念的儿童的特点及其与普通儿童的差异。

（3）能够对有特殊爱好、固念的儿童予以尊重，并主动与他们交朋友。

活动重点

（1）小组合作学习，了解有特殊爱好、固念的儿童的特点及其与普通儿童的差异。

（2）能够对有特殊爱好、固念的儿童予以尊重，并主动与他们交朋友。

▶ 活动难点

（1）小组合作学习，了解有特殊爱好、固念的儿童的特点及其与普通儿童的差异。

（2）能够对有特殊爱好、固念的儿童予以尊重，并主动与他们交朋友。

▶ 活动准备

（1）绘本《不一样也没关系》若干本。

（2）本次活动的课件。

（3）本次活动的学习手册。

▶ 活动过程

板块一　话题导入，绘本激趣

引言

在学习与生活中，我们都希望交到朋友。那么，在交朋友之前，你有想过要结交什么样的朋友吗？

提问：

（1）你有哪些生活习惯？

（2）你会跟与你生活习惯不同的人做朋友吗？为什么？

板块二　研读绘本，引发思考

引言

在学习与生活中，我们会遇到与自己不一样的人。你愿意花时间了解他们，和他们交朋友吗？

今天我们来学习一个绘本故事——《不一样也没关系》。故事主人公"我"是一个孤独症儿童，"我"愿意跟与自己不一样的强尼交朋友。尽管两人不一样，但这并不代表谁有问题。【播放绘本内容视频】

板块三　讨论交流，加深理解

讨论：

（1）故事主人公"我"是一个孤独症儿童，他认为强尼有什么问题？

（2）"我"喜欢强尼吗？为什么？

（3）请说说你是如何交朋友的。如果你交到的朋友与自己做事的习惯不一样，你会怎么办？

（4）你想对故事中的哪个人物说些什么？

板块四　联系生活，提升感悟

留言板

请结合自己的交友经历简单写一写你是如何理解"我们都一样"的。

板块五　聚焦融合，升华故事

一、体验场：欢迎故事主人公"我"来我们班

提问：元旦很快就要到了，学校要组织一次才艺展示活动，老师想请故事主人公"我"加入大家的活动，你会怎么邀请他呢？

二、总结

我们都一样，都有自己的才艺特长和兴趣爱好，都希望自己变得更好。

板块六　课外拓展，不一样的体验

一、知识链

欣赏绘本《南瓜汤》。

思考：遇到冲突时，我们应该怎么办？

二、诗朗诵

齐读《我们都一样》。

结 语

同学们，我们都一样！让我们一起分享快乐和忧伤，一同向着阳光奋力飞翔，更美的世界就在前方！

课后，请把《不一样也没关系》这个故事讲给爸爸妈妈听，和他们分享这节课的收获。

座位安排

教师

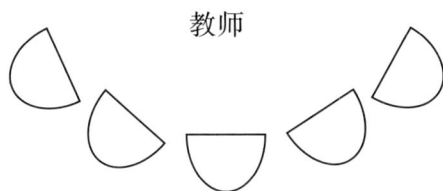

每个半圆坐 8 个学生

活动板书

不一样也没关系

我　　强尼

人与人之间的不同，成就了更有乐趣的人生

设计意图

此次活动旨在通过阅读绘本《不一样也没关系》，结合身份带入的体验环节，让学生认识孤独症儿童的特殊表现，能够接纳、关心、帮助他们，懂得孤独症儿童和普通儿童一样能感知、想表达，学会与孤独症儿童相处，从小感受到世界的不同、人与人之间的不同，逐步学会理解和包容他人。

在学习这个故事时，我们不希望给故事主人公"我"贴上标签，因为我们相信《不一样也没关系》传递的这个信念关乎每个孩子：孩子们都希望交到朋友。作为教师的我们，应该尊重他们。我们需要做的是，帮助孩子理解人与人之间的不同，成就更有乐趣的人生，让他们成为最棒的独一无二的人！

第 9 课　我们都一样

设计者：黄玉燕（广州市海珠区梅园西路小学）

指导者：吴小文（广州市海珠区教育发展研究院）

▶ 绘本简介

书名： 青蛙小王子

作者： 刘清彦 / 文，六十九 / 图

出版社： 河北教育出版社

内容：

《青蛙小王子》主要讲述了青蛙王子和公主结婚后满心欢喜迎来了小王子亚瑟。亚瑟小小年纪就很会弹琴，但是他控制不住自己挤眉弄眼、摇头晃脑的动作，还会发出"呱呱呱"的怪声。青蛙王子和公主为此焦虑不安，积极寻找解决办法。医生说放松和多运动可以让亚瑟的症状得到缓解，正巧亚瑟最爱的运动是游泳，尤其是蛙泳。

亚瑟上学后因为以上症状免不了被一些同学嘲笑、戏弄，还被取绰号"青蛙小王子"。还好，亚瑟有一位一直友善陪伴他左右的好朋友芬妮。芬妮常常为亚瑟打抱不平，听他弹琴、和他一起做观察，肯定他的独特。值得高兴的是，常常嘲笑亚瑟的同学小威，在一次意外落水时被亚瑟救起，他由于被水呛而不停地打嗝，从而体会到亚瑟平时难以控制自身症状的心情，自此向亚瑟主动伸出了温暖的友谊之手。

▶ 活动目标

（1）认真阅读绘本，理解故事内容。

（2）小组合作学习，能围绕故事情节展开讨论，大胆、清晰地表达自己的想法。

（3）能够对有特殊行为的儿童予以尊重，学会宽容友善、接纳包容，不

随意评判别人。

▶ **活动重点**

了解绘本的作者和主要内容，理解并尊重人与人之间的差异。

▶ **活动难点**

（1）对于与自己不一样的人，善于发现他们的闪光点。

（2）学会理解、尊重、接纳和帮助有需要的人。

▶ **活动准备**

（1）绘本《青蛙小王子》若干本。

（2）本次活动的课件。

（3）本次活动的学习手册。

（4）学生课前阅读《青蛙王子》的故事。

▶ **活动过程**

板块一 话题导入，引出故事

引言

今天我们来学习一个绘本故事——《青蛙小王子》。【板书绘本名称】
青蛙王子和公主结婚后满心欢喜迎来了小王子亚瑟，他会发生什么故事呢？

板块二 讨论交流，细读故事

一、播放微课，了解故事内容

学生认真听故事，了解绘本的作者和主要内容。

二、小组讨论，理解故事内容

（1）亚瑟的身体有什么不一样吗？（没有）

（2）亚瑟平时的表现有什么特别吗？（偶尔会挤眉弄眼、摇头晃脑，还会发出"呱呱呱"的声音）

（3）对于亚瑟的症状有什么解决办法？（医生说要放松和多运动）

（4）公主觉得亚瑟有青蛙的基因，青蛙王子的反应是怎样的？（青蛙王子觉得亚瑟开心就好）

（5）亚瑟的好朋友芬妮是怎么对待他的？（友善陪伴亚瑟左右）

（6）亚瑟的同学小威被救前后有怎样的变化？（被救前：嘲笑；被救后：理解、友善）

三、小组讨论，引发同理心

（1）亚瑟上学后同学们是怎么对待他的？（起绰号、嘲笑、戏弄）

这样做对吗？（不对）

如果你是亚瑟，你的心情会怎样呢？

（2）亚瑟上学后为什么戴着一个头盔呢？（避免尴尬，又想融入集体）

如果让你也戴着头盔上学，你会有什么感受呢？

（3）你有不由自主（控制不了自己）的时候吗？是什么事情引起的呢？当时的你有什么感受呢？

板块三 聚焦融合，升华故事

一、观看视频

了解特殊需要人士的特长。（他们有自己的闪光点，有自己的人生目标和方向，同样需要得到认同和赞赏）

二、小组讨论汇报

（1）如果你遇到像小威嘲笑亚瑟的情况，你会怎么说、怎么做？（对小威：制止、劝说；对亚瑟：维护、安慰）

（2）对于特殊需要人士，我们还可以怎样做？

（3）说说你学习这个故事的收获。

三、学做手语操

教师和学生跟着视频一边唱歌，一边做手语操《我们都一样》。

板块四　归纳总结，布置任务

一、总结

每个人都是独特的，我们身边会有一些行为、言语、样貌与众不同的群体，他们需要我们的理解、接纳甚至帮助。我们自己是独一无二的，也要看到别人的特别之处。我们要懂得善待他人是一种永恒的美，更要尽力帮助他人。

二、任务

请把《青蛙小王子》这个故事讲给爸爸妈妈听。

座位安排

4~6 人／组

活动板书

青蛙小王子

我们都一样

不由自主　　　　　　每个人都是独特的
尊重别人的与众不同　友善、接纳、包容

设计意图

《青蛙小王子》中的故事主人公亚瑟的症状是妥瑞氏综合征患者的真实表现，只是多了一些动作和声音。

此次活动旨在通过阅读绘本《青蛙小王子》，让学生能在学习生活中以平常心对待妥瑞氏综合征患者，学会与他们相处，从而明白每个人都是独特的，要尊重别人的与众不同，学会宽容友善、接纳包容，不随意评判别人。

第10课　学会表达爱

设计者：林丽怡（广州市海珠区宝玉直实验小学）

指导者：吴小文（广州市海珠区教育发展研究院）

▶ 绘本简介

书名：鳄鱼爱上长颈鹿

作者：达妮拉·库洛特 / 文、图，方素珍 / 译

出版社：少年儿童出版社

内容：

《鳄鱼爱上长颈鹿》主要讲述了以下故事：矮小的鳄鱼先生，爱上了挺拔的长颈鹿小姐，并试图让她看到自己。鳄鱼先生用了很多方法，却屡屡受挫，但他屡败屡战，最后的笨法子是用绳子去套长颈鹿小姐，想让她低下头来看看自己迷人的微笑。长颈鹿小姐受到惊吓，猛一甩头，直接把鳄鱼先生送进了医院。鳄鱼先生出院后有些灰心，可偏偏就在这个时候，他和长颈鹿小姐在街头不期而遇，冒失的长颈鹿小姐冲过来，他们撞在一起，摔倒在地，无数的小星星在他们头顶绕啊绕。在他们对望的那一刻，幸福来临，他们决定在一起。

▶ 活动目标

（1）认真阅读绘本，理解故事内容。

（2）小组合作学习，能围绕故事情节展开讨论，清晰地表达自己的想法。

（3）理解"爱"的广义，明白爱需要用心付出。

▶ 活动重点

初步理解爱，学会正确表达爱。

▶ 活动难点

理解"爱"的广义，学会正确表达爱。

▶ 活动准备

（1）绘本《鳄鱼爱上长颈鹿》若干本。
（2）本次活动的课件。
（3）本次活动的学习手册。
（4）长颈鹿和鳄鱼毛绒玩具。

▶ 活动过程

板块一 话题导入，分享生活中的爱

一、话题导入

引言

有人说，爱是一缕温暖的阳光；有人说，爱是一阵及时雨；有人说，爱是一把打开心扉的钥匙。在你心中，爱又是什么呢？

二、互动交流

分享对爱的感受。

三、总结

只要用心付出的，就是爱。【板书：爱】

板块二 小组合作，研读绘本

一、情景园：引入绘本故事

引言

今天我们来读一个绘本故事——《鳄鱼爱上长颈鹿》。【板书：鳄鱼爱上长颈鹿】

故事中的鳄鱼因为爱上了长颈鹿，于是主动接近对方，但命运总和他作对，情急之下他甚至使用了粗蛮的手段，也因此吃到苦头。一次意外的相

撞，让他们终于能在同一水平线上四目相对，看到了彼此最美丽、最温柔的微笑。

二、交流区

教师组织学生开展小组讨论：

（1）鳄鱼先生爱上了长颈鹿小姐，可是他们之间存在着什么问题呢？

（2）为了解决这些问题，鳄鱼先生是怎么做的？

（3）你觉得这位鳄鱼先生有什么特点？

板块三 提升内涵，探讨如何表达爱

一、体验场

（1）写一写。

引言

爱有很多种，有父母之爱，有兄弟姐妹之爱，有朋友之爱，还有素不相识的人之爱，例如，全国人民纷纷向汶川灾区捐款，帮助他们渡过难关。爱一个人有很多种表达方式，请把你对不同的人表达爱的方式写下来吧！

（2）分享交流。

（3）总结：有心就会有爱，每个人都有爱，爱需要表达。向你爱的人恰当地表达爱，会给他带来快乐，也会给你带来快乐。【板书：学会表达】

二、静思角

（1）提问：正如故事中的鳄鱼先生一样，并不是每一次向别人表达爱都会得到对方的回应。当你向身边的特殊需要同学表达爱却得不到回应时，你会怎么做呢？

（2）总结汇报。【随机板书：勇气、创意、包容……】

三、留言板

读了《鳄鱼爱上长颈鹿》这个故事后，你还有哪些收获呢？请写下来吧。

四、课后小任务

请选择你感兴趣的内容完成：

（1）请把《鳄鱼爱上长颈鹿》这个故事讲给爸爸妈妈听。

（2）请和爸爸妈妈分享这节课的收获。

座位安排

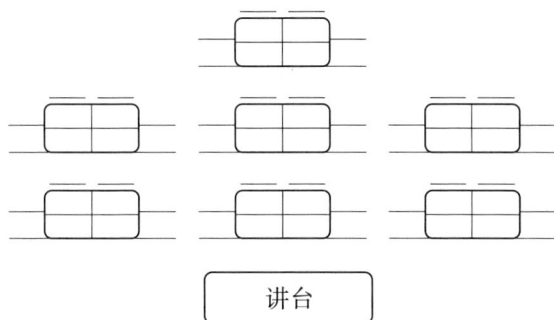

讲台

活动板书

鳄鱼爱上长颈鹿

学会表达 爱

勇气、创意、包容……

设计意图

《鳄鱼爱上长颈鹿》这个故事向我们展示了一个勇敢表达爱的鳄鱼先生形象。

此次活动旨在通过阅读绘本《鳄鱼爱上长颈鹿》，让学生初步了解故事内容和角色形象，再联系生活实际，分享对父母之爱、兄弟姐妹之爱、朋友之爱以及素不相识的人之爱的认识，从而理解爱的广义，明白爱需要用心付出，再通过回顾鳄鱼先生的行为，让学生懂得爱还要有勇气、创意、包容。

第⑪课　做最棒的自己

设计者：吴园华（广州市海珠区宝玉直实验星悦小学）

指导者：吴小文（广州市海珠区教育发展研究院）

▶ 绘本简介

书名：阿诺的蝴蝶

作者：方锐 / 文，孟可 / 图

出版社：海豚出版社

内容：

《阿诺的蝴蝶》讲述了以下故事：小男孩阿诺生来就与别人不太一样，他的右脸有一块红色的斑，妈妈说那是一只"红蝴蝶"，他因此很欢喜。阿诺来到乡下外婆家，尽管大家都用诧异、好奇的眼神看着他，但他仍然开朗大方地将自己的蝴蝶标本分享给每一个小朋友，回赠他的是小朋友们的信任和笑容，更有对这只"红蝴蝶"的欣赏，"红蝴蝶"俨然成为阿诺的骄傲。

▶ 活动目标

（1）理解每个人都是世界上独一无二的存在，外貌亦然。

（2）正确认识并接纳自己外貌上的不足。

（3）领悟外貌上的不足是上天馈赠的礼物，要接受自己的不完美，并与之和谐共处，悦纳自我。

▶ 活动重点

（1）理解故事内容，认识到人与人之间存在着不同。

（2）学会从不同的角度发现美。

▶ 活动难点

（1）认识到外貌的不完美也是一种美。

（2）认识不同的美。

▶ 活动准备

（1）绘本《阿诺的蝴蝶》若干本。

（2）本次活动的课件。

（3）本次活动的学习手册。

▶ 活动过程

课前小调查

人们常说"人不可貌相，海水不可斗量"，人与人之间是存在差异的，在你的身边，有没有脸上或身上有特殊印记的朋友？

板块一 正确认识自己

一、引入绘本故事

引言

小男孩阿诺的右脸长了一块像蝴蝶一样的红斑，小朋友们看到他的脸总是害怕地躲开，因此他总是独自一人，没有朋友。在外婆家时，一开始小朋友们看到阿诺的脸也很害怕，但阿诺用自己的友善与真诚对待他们，最终回赠阿诺的是小朋友们的信任和笑容，更有对这只"红蝴蝶"的欣赏，"红蝴蝶"俨然成为阿诺的骄傲。

同学们，阿诺的魅力究竟在哪呢？让我们一起深入学习绘本《阿诺的蝴蝶》吧！

二、共读绘本故事

教师带领学生展开讨论：

（1）阿诺的脸怎么了？

（2）阿诺在外婆家遭遇了什么？他是怎样应对的？

（3）阿诺身上有什么闪光点？

三、人物画像

（1）请照照镜子，说说自己的外貌特点。

（2）请说说你旁边同学的外貌特点。

四、悦纳自我

1. 写一写

请写出自己外貌上的不足或感到不满意的地方，再归纳一下自己的优点。

2. 想一想

对于自己外貌上的不足，你认为可以做出怎样的改变？

3. 问题聚焦

对于自己外貌上的不足，你认为应该有怎样的心态？

4. 总结

社会上的外貌审美取向深深影响着未成年人的审美观，导致整容的人年龄越来越小。但是，美不应千篇一律，而应各有千秋。我们要树立正确的审美观，以正确的价值观看待事物，接纳不足，树立自信。

在今天的活动过程中，同学们都找到了自己外貌上的不足与优点，也许我们的外貌并不符合当下的主流审美，但这正是我们的独特之处。世界是多元的，我们也是。我们能做的，就是学会欣赏自己的不同，悦纳自我，成为更优秀的人。

板块二 正确看待他人

一、观看视频

（1）播放电影《奇迹男孩》的片段。

（2）总结：同学们，外貌并不能决定一个人的成就。我们在生活中可能会遇到身体某些部位和我们有点不一样，甚至有点吓人的人，请别害怕，不应大叫着跑开，也别一直盯着那些部位看，更不要给他们起不雅的外号。

二、善于发现美

1. 写一写

请写出同伴的闪光点。

2. 说一说

请针对同伴存在的不足给他出些好主意。

三、留言板

读了《阿诺的蝴蝶》这个故事后，你还有哪些收获呢？请写下来吧。

座位安排

教师

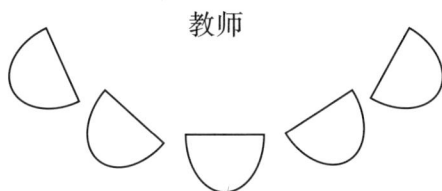

每个半圆坐 8 个学生

活动板书

阿诺的蝴蝶

做最棒的自己

多元、悦纳、发现

设计意图

当今社会的网红审美是瓜子脸、双眼皮、大眼睛等，这带红了医美整容行业。这种外貌审美取向也深深影响着未成年人的审美观，导致整容者的年龄越来越小。但是，美不应千篇一律，而应各有千秋。

此次活动将正确的价值观贯穿教学全过程，旨在引导学生树立正确的审美观，以正确的价值观看待事物，接纳不足，树立自信。

　　整个活动结合绘本《阿诺的蝴蝶》展开：①引入绘本故事，让学生熟悉阿诺这个人物；②引导学生认真观察自己，写出自己外貌上的不足与优点；③播放电影《奇迹男孩》的片段，让学生认识到外貌并不会影响个人的成就；④总结提升，让学生写出同伴的优点，以帮助对方树立自信，做最棒的自己。

第 ⑫ 课　尊重差异，善待他人

设计者：林丽怡（广州市海珠区宝玉直实验小学）

指导者：吴小文（广州市海珠区教育发展研究院）

▶ 绘本简介

书名：搬过来，搬过去

作者：达妮拉·库洛特／文、图，方素珍／译

出版社：少年儿童出版社

内容：

《搬过来，搬过去》讲的是长颈鹿小姐和鳄鱼先生怎样在生活中磨合。一开始长颈鹿小姐跟着鳄鱼先生去了他家，可鳄鱼先生家好小哦，长颈鹿小姐只能让自己的脖子弯着、扭着，或是从门、烟囱伸出去舒展一下，透透气。鳄鱼先生很心疼她，不想让她这么辛苦，就和长颈鹿小姐一起去了她家。但问题又来了，可怜的鳄鱼先生只能拿着刀叉看着高高在上的餐桌发呆，看着高高在上的马桶无可奈何，连晾衣服都得爬好高的梯子。长颈鹿小姐很心疼他，不想让他这么辛苦，就和鳄鱼先生靠在一起想啊想，终于想到了好办法。他们开始忙碌起来，最后，他们的家出现了一个很大、很深的游泳池，在水里，高度就不成问题了。他们就这样开始了幸福的生活。

▶ 活动目标

（1）认真阅读绘本，理解故事内容。

（2）理解并尊重人与人之间的差异，能用换位思考的方式为他人提供方便。

（3）懂得遇到困难时要用积极的心态和智慧的头脑去化解。

▶ 活动重点

（1）理解故事内容，通过绘本故事感受人（动物）与人（动物）之间的差异。

（2）愿意用积极的心态去帮助别人解决困难。

▶ 活动难点

（1）能够发散思维，大胆表达自己的观点。

（2）理解并尊重人与人之间的差异，能用换位思考的方式为他人提供方便。

▶ 活动准备

（1）绘本《搬过来，搬过去》若干本。

（2）本次活动的课件。

（3）本次活动的学习手册。

▶ 活动过程

板块一　从差异入手，激发兴趣

讨论：

（1）人们常说"十根手指各有长短"，动物之间有差异，人类之间也有差异，那么人与人之间有哪些差异呢？

（2）看图片，说一说南方与北方的差异。【出示图片】

板块二　讨论交流，研读绘本故事

一、活动导入：引入绘本故事

引言

说起"差异"这个词，同学们还记得之前读过的绘本故事《鳄鱼爱上长颈鹿》吗？长颈鹿和鳄鱼之间的身高差了很多，这就是他们的差异。那么这对恋人在生活中会碰到什么事情呢？今天我们就来读一读这套绘本中的第二本——《搬过来，搬过去》。

二、交流区

（1）教师组织学生开展小组讨论：

①长颈鹿住在鳄鱼家时，遇到了什么问题？

②鳄鱼住在长颈鹿家时，遇到了什么问题？

③你想对故事中的哪个角色说些什么？

④你会跟比你高很多或矮很多的人做朋友吗？为什么？

（2）问题聚焦：鳄鱼和长颈鹿最终想出了什么办法去解决他们身高存在巨大差异的问题？

（3）教师引导学生观察与思考：困难一个接一个，面对如此大的身高差，他们并没有嫌弃对方。虽然鳄鱼和长颈鹿都愿意为对方委屈自己，但这不是长久之计，美满的生活不仅需要包容，更需要智慧来解决各种困难。同学们，你们观察一下，新家有哪些设计适合鳄鱼和长颈鹿共同居住？

①吃饭问题——将餐桌设在游泳池中间，为了避免餐桌漂移，将餐桌的两头用铁链固定。这样他们就可以在同一高度用餐了。

②门把手问题——改造长颈鹿家的大门。在原来的大门上安装一扇小门，装上小门把手，这样鳄鱼就能够得着了。

③楼梯问题——设双人楼梯。在游泳池的不同方位分别安上楼梯，方便上下。鳄鱼的楼梯台阶是小的，长颈鹿的楼梯台阶是大的。

④马桶问题——将马桶与游泳池相连，水池里的水可以减少马桶的高度，这样鳄鱼上厕所就不用爬梯子了。手纸放在与马桶等高的位置上，伸伸手就能够到，鳄鱼不用担心上完厕所因为够不着手纸，光着屁股干瞪眼了。他们在马桶四周安装了隔臭玻璃，在家里闻不到臭气。

⑤晾衣服问题——晾衣服的地方设在地面与屋前大平台的交界处，刚好有高度上的落差。长颈鹿晾衣服时可以站在地面上，鳄鱼晾衣服时可以站在平台上。

（4）总结：这就是鳄鱼和长颈鹿通过自己的劳动，用双手共同建造的爱的家、共同营造的爱的生活！在这个充满创意的家中，一高一矮差异惊人的一对爱人曾经面临的困难都被解决了。吃饭问题、门把手问题、楼梯问题、马桶问题、晾衣服问题……这些都已不再是问题。

板块三 聚焦差异，升华绘本故事

一、静思角

（1）提问：阅读这个故事后，你认为应该以什么样的心态面对人与人之间的差异？

（2）总结：我们应该承认人与人之间的差异，学会尊重差异，并欣赏差异。我们要懂得"求同存异、和而不同"，还要懂得为他人着想，学会换位思考。

二、活动坊

新学期开始，班里转来了一名新同学，这名同学是特殊需要学生，需要用轮椅代步。为了让新同学更好地学习，请你在校园环境改造方面向学校提一些建议。

三、留言板

读了《搬过来，搬过去》这个故事后，你还有哪些收获呢？请写下来吧。

四、推荐书目

达妮拉·库洛特.天生一对.方素珍，译.北京：少年儿童出版社，2007.

座位安排

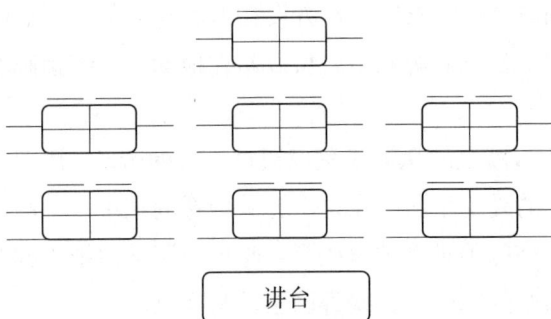

讲台

活动板书

搬过来，搬过去

尊重差异，善待他人
承认、尊重、欣赏

设计意图

　　此次活动从人与人之间的差异入手，引入绘本故事《搬过来，搬过去》，通过小组合作，让学生找出长颈鹿小姐和鳄鱼先生为解决身高差异问题所采取的办法，感受他们相互关爱、体谅的美好情感以及面对困难时的勇气和创意；再回到实际生活中，让学生探讨如何尊重差异，并通过为特殊需要学生改造校园环境的活动，让学生学会用换位思考的方式为他人提供方便。

第⓭课　爱是沟通的钥匙

设计者：薛伟文（广州市海珠区新港中路小学）

指导者：吴小文（广州市海珠区教育发展研究院）

▶ 绘本简介

书名：小笛和流泪的橘子

作者：方锐 / 文，孟可 / 图

出版社：海豚出版社

内容：

《小笛和流泪的橘子》中的故事主人公小笛是一名孤独症儿童，他从出生起一直未开口说话。小笛喜欢画画，特别是各种橘色的画。小笛的妈妈看着安静的儿子，总是忍不住流泪，她曾无数次尝试跟小笛说话，却从没得到回应；小笛的爸爸也很希望能听到儿子的一句回应。有一天，小笛跟爸爸妈妈去看过画展后就不见了。爸爸妈妈找到他时，发现他竟趴在自己的画上睡着了。这时，爸爸妈妈从小笛的画里看到了小笛对他们的爱。画里的橘色部分是妈妈以前穿的橘色裙子，黑色部分是妈妈今天穿的黑色裙子，小笛画的都是妈妈。爸爸妈妈明白了，小笛对他们的爱一直都在，只不过是换了一种特殊的表达方式。

▶ 活动目标

（1）认真阅读绘本，理解故事内容。

（2）认识孤独症儿童的特殊表现，感受孤独症儿童的内心。

（3）学会接纳、关心、帮助孤独症儿童。

▶ 活动重点

理解故事内容，通过绘本故事认识孤独症儿童的特殊表现，感受孤独症儿童的内心。

▶ 活动难点

学会接纳、关心、帮助孤独症儿童。

▶ 活动准备

（1）绘本《小笛和流泪的橘子》若干本。
（2）本次活动的课件。
（3）本次活动的学习手册。

▶ 活动过程

板块一 话题导入，引入绘本

引言

同学们，你们喜欢画画吗？今天老师介绍一个爱画画的朋友给你们认识，他叫小笛。小笛最喜欢的事就是坐在画板前画画，但是他从不回应爸爸妈妈的问话，只喜欢对着画板不停地画着让人看不懂的事物。有一天，小笛跟爸爸妈妈去看过画展后就不见了。爸爸妈妈能找到小笛吗？他们看不见小笛的内心，小笛走不出自己的世界。爸爸妈妈能否用爱打开小笛的心门？大家一起来听听绘本故事《小笛和流泪的橘子》吧。【播放绘本内容视频】

板块二 研读绘本，讨论交流

一、了解绘本故事

聆听绘本故事，了解主要内容。

二、结合学习单，小组交流

（1）小笛与我们有哪些不同？
（2）在妈妈的眼中，小笛是一个什么样的孩子？
（3）小笛是故意这样做的吗？为什么？

三、讨论

（1）如果小笛来到我们班，你愿意与他交朋友吗？你会怎样做？

（2）小笛患有孤独症，他能否感受到爸爸妈妈的爱？

板块三 课外拓展，加深认识

一、观看视频

观看相关视频，进一步了解孤独症儿童。

二、总结

同学们，孤独症儿童不盲，却总是视而不见；不聋，却总是充耳不闻；能说话，却很难与我们交流；想回应我们，却总是事与愿违。他们和我们一样期待友情，渴望交朋友。

三、小游戏：猜词语（我做你猜）

游戏规则：一个同学做动作，另一个同学猜词语。

结语

同学们，当我们遇到与众不同的同学时，应接受他们的不同，学会和他们相处，我们可以一起唱歌、一起玩游戏、一起做运动、一起画画、一起学习！

座位安排

教师

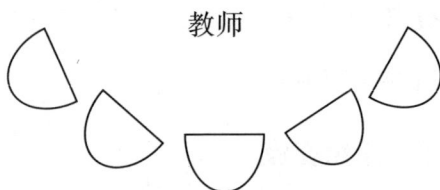

每个半圆坐 8 个学生

活动板书

小笛和流泪的橘子

爱是沟通的钥匙

认识　　接纳　　关心　　帮助

设计意图

　　此次活动旨在通过阅读绘本《小笛和流泪的橘子》，结合游戏体验，让学生认识孤独症儿童的特殊表现，能够接纳、关心、帮助他们，懂得孤独症儿童和普通儿童一样能感知、想表达，学会与孤独症儿童相处，从小感受到世界的不同、人与人之间的不同，逐步学会理解和包容他人。

第⑭课　我的学习妙招

设计者：薛伟文（广州市海珠区新港中路小学）

指导者：吴小文（广州市海珠区教育发展研究院）

▶ 绘本简介

书名：不要害怕学习

作者：布伦达·迈尔斯、科伦·帕特森／著，简·海因里克斯／绘，魏琳琳／译

出版社：中国纺织出版社

内容：

《不要害怕学习》属于"儿童情绪管理与性格培养"丛书，是写给孩子的学习障碍解决指南。书中用鲜活的例子向孩子介绍了什么是学习障碍。故事主人公喜欢学习，可又常常感到困惑。他的学习方式和别人不太一样。他觉得阅读好难，字母都认识，可当字母拼成单词，就不知道该怎么读了；有的单词能读出来，可连成句子就不明白句意了。他会写有趣的故事，同学卡门却写不出来；他喜欢数学，同学亨利却常常把数字搞混。对他们来说，学习困难是有原因的。这个原因就是学习障碍，也有人委婉地称之为"学习方式不同"。这本书告诉我们，学习障碍有很多类型，有的学生有阅读障碍，有的学生有写作障碍，有的学生有数学障碍……在老师的帮助下，他们有能力并且能用妙招来克服学习困难。书末附有写给父母的话，针对引导孩子敞开心扉、帮助孩子发现自身的优缺点提供了参考建议。

▶ 活动目标

（1）认真阅读绘本，理解故事内容。

（2）认识学习障碍，了解学习障碍的表现。

（3）正确认识自己，敢于寻求帮助解决学习困难。

▶ 活动重点

认识学习障碍，了解学习障碍的表现。

▶ 活动难点

正确认识自己，敢于寻求帮助解决学习困难。

▶ 活动准备

（1）绘本《不要害怕学习》若干本。

（2）本次活动的课件。

（3）本次活动的学习手册。

▶ 活动过程

课前小调查

（1）你擅长做什么？（写2~3个）

（2）你有哪些学习困难？（写1~2个）

板块一　话题导入，引入绘本

引言

同学们，当你遇到学习困难时，你会怎么做呢？有没有一些小妙招可以分享给大家？

今天我们一起来听听绘本故事《不要害怕学习》，找找里面的学习妙招吧！【播放绘本内容视频】

板块二　研读绘本，讨论交流

一、了解绘本故事

聆听绘本故事，了解主要内容。

二、讨论

（1）故事中的三个人物分别遇到了哪些学习困难？

（2）是什么原因让他们感到学习困难？

（3）有什么妙招可以帮到他们？

板块三　课外拓展，给予支持

一、介绍策略

介绍阅读策略、写作策略、数学学习策略。

二、总结

同学们，读完这本书，我们知道了当遇到学习困难时，可以尝试用书中的妙招来帮助自己。我们并不是不努力，而是学习方式与别人不一样，向他人寻求帮助是很正常的事。

三、拓展

下面让我们一起来读一读这些名言。当我们遇到学习困难时，想一想这些名言，可以从中汲取力量。【出示名言】

结 语

同学们，我们的学习方式与别人不一样是很正常的事。我们可以通过一些妙招来帮助自己学习。相信大家都有能力运用妙招克服学习困难。

座位安排

教师

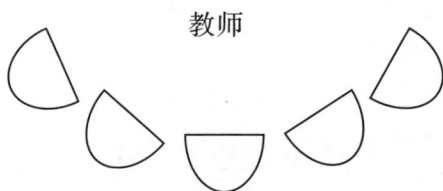

每个半圆坐 8 个学生

活动板书

不要害怕学习

我的学习妙招
学习方式不同

设计意图

　　此次活动旨在通过阅读绘本《不要害怕学习》，结合交流体会，用鲜活的例子告诉学生什么是学习障碍，以及学习障碍有很多类型和不同表现。希望在教师的帮助下，他们有能力运用妙招克服学习困难。

第15课 让生命之花尽情绽放

设计者：罗绍先（广州市海珠区逸景第一小学）

陈晓璇（广州市海珠区聚德西路小学）

指导者：吴小文（广州市海珠区教育发展研究院）

▶ 绘本简介

书名：**生命之树：让孩子更坚韧**

作者：吉尔·内马克／文，妮可·王／图，秋筠／译

出版社：化学工业出版社

内容：

《生命之树：让孩子更坚韧》讲述了一棵小树在环境恶劣的悬崖上独自成长的故事。这个故事传递出关爱与同情，具有抚慰人心的力量。小树一直积极应对挑战，努力成长。大海、月亮和潜鸟都对小树十分友好，尽可能地保护他。最终，一个小男孩带来了肥沃的土壤，为小树补充了必要的养料。

▶ 活动目标

（1）认真阅读绘本，理解故事内容。

（2）小组合作学习，认识生命弱小但顽强向上的特点，了解生命需要阳光雨露的滋润，更需要自强不息的精神。

（3）培养积极的生命态度，树立正确的生命观，学习规划自己的美好人生。

▶ 活动重点

（1）认真阅读绘本，理解故事内容。

（2）认识生命弱小但顽强向上的特点。

▶ 活动难点

面对困难能积极向上，尊重生命、善待生命。

▶ 活动准备

（1）绘本《生命之树：让孩子更坚韧》若干本。
（2）本次活动的课件。
（3）本次活动的学习手册。

▶ 活动过程

板块一 小调查：引入主题

一、小调查

你听说过关于生命的感人故事吗？请说给同学听。

二、引入绘本故事

一棵小树在环境恶劣的悬崖上是如何成长的呢？让我们一同走进绘本故事《生命之树：让孩子更坚韧》去看一看吧！【板书绘本名称】

板块二 绘本馆：主题解说

一、合作阅读

小组合作阅读绘本，了解故事主要内容：
（1）故事中的小树在成长过程中遇到了哪些困难？他是怎样克服的？
（2）小树得到了哪些角色的鼓励或帮助？这些角色是怎样鼓励或帮助小树的？
（3）说一说在你眼中这是一棵怎样的树？

二、观看视频

观看视频，感受"爱是人生的营养"。（视频记录了一位同学从出生到现在的成长影像，包括家人、同学、朋友陪伴其成长的照片和活动场景。）

三、互动交流

以"爱在我们身边"为主题，谈一谈你的成长经历和感悟，以及这个故事带给你的收获。

板块三 情景园：情景体验

一、抗洪中的小故事

在一次特大洪水中，河岸决堤了，武警战士在惊涛骇浪中进行搜救。他们在一棵摇摇欲坠的小杨树上找到了一个年仅六岁的小女孩。此时，她已经在洪水中浸泡了约九小时，双腿被树枝划得伤痕累累，全身冻得冰凉，武警战士赶紧脱下自己的背心为她穿上，小女孩得救了。

（1）小组讨论：请想象你趴在树上等待救援的感受，说说小女孩为什么不放手？

（2）总结：小女孩为了活下来，咬牙坚持约9个小时，她明白，生命不能轻易放弃，自己要用全力呵护。

二、观看视频

（1）观看视频。（视频内容为东京残奥会知识和精彩瞬间。）

（2）交流：看完视频后，你有哪些收获和思考？

板块四 活动坊：课外活动

一、阅读名人故事

阅读霍金等名人的故事，感悟生命的真谛。

二、实地参观访问

前往残联、特殊教育学校或特教班访问，参与"我是残障人士"角色体验活动，感受残障人士生活的艰辛，深刻认知生命的顽强向上。

结语

我们的视线被不可思议的奇迹所吸引，我们的心灵被生命的顽强精神所震撼。榜样的力量激励我们尊重生命、善待生命，让生命之花尽情绽放！

座位安排

讲台（屏幕）								
1	2		活动区				5	6
3	4						7	8
过道								
9	10	13	14	17	18	21	22
11	12	15	16	19	20	23	24
过道								
25	26	29	30	33	34	37	38
27	28	31	32	35	36	39	40

注：图中数字代表学生编号。

活动板书

生命之树：让孩子更坚韧

让生命之花尽情绽放 　　　爱是人生的营养

　　　　　　　　　　　　爱在我们身边

设计意图

　　此次活动旨在通过小调查、小组讨论，让学生了解绘本《生命之树：让孩子更坚韧》的主要内容——小树如何顽强地成长，并通过让学生回忆自己的成长经历、了解洪水中的小女孩不轻易放弃生命的故事，感受残障人士的顽强拼搏精神，树立正确的生命观，遇到困难能积极应对。

第 16 课　　爱上全部的自己

设计者：罗绍先（广州市海珠区逸景第一小学）

陈晓璇（广州市海珠区聚德西路小学）

指导者：吴小文（广州市海珠区教育发展研究院）

▶ 绘本简介

书名：看！我的条纹

作者：谢纳·鲁道夫、丹妮尔·罗耶 / 著，詹妮弗·若芙茵 / 绘，王漪虹 / 译

出版社：华夏出版社

内容：

《看！我的条纹》中的故事主人公赞恩是一只有孤独症的斑马，他总是担心自己与同伴不同。在妈妈的悉心引导下，赞恩明白了孤独症只是自己身上众多特征之一，而这些特征让他显得很特别。

▶ 活动目标

（1）认真阅读绘本，理解故事内容。

（2）小组合作学习，了解何为特殊爱好与差异。

（3）能够对有特殊爱好、固念的儿童予以尊重，并主动提供合适的帮助。

▶ 活动重点

（1）理解故事内容，了解何为特殊爱好与差异。

（2）愿意用积极的心态去认识、理解、接纳身边与自己不同的人。

▶ 活动难点

在生活中接纳、关心、尊重与自己不同的人。

▶ 活动准备

（1）绘本《看！我的条纹》若干本。

（2）本次活动的课件。

（3）本次活动的学习手册。

▶ 活动过程

板块一　小调查：引入主题

一、小调查

你了解孤独症谱系障碍吗？请把你知道的说给同学听。

二、引入绘本故事

引言

大千世界，孤独症仍是个难解的谜团。让我们一同走进绘本故事——《看！我的条纹》，认识故事中这只有着彩色条纹的可爱斑马吧！【板书绘本名称】

板块二　绘本馆：主题解说

一、听绘本故事，了解学习要求

认真听故事，了解故事主要内容。

二、结合学习单，复述故事内容

（1）赞恩在学校里遇到了哪些苦恼的事？他是怎样做的？【板书：我们不一样】

（2）赞恩边哭边说："为什么大家看到的都是我孤独症的条纹呢？"

（3）对于赞恩的苦恼，妈妈是怎么做的？她引导赞恩看到了一个怎样的自己？

（4）赞恩最后是怎样看待自己的？你同意他的看法吗？请说一说理由。

三、互动交流

（1）请结合自己的经历说一说你是怎样看待自己的。【板书：我们都一样】

（2）你是如何理解"我们都一样"的？

四、小组讨论

学完这个故事，你有什么话想说？请选择你感兴趣的话题，在小组内交流：

（1）如果你是赞恩，你希望同学们怎么做？

（2）如果你是赞恩的同学，对于赞恩的苦恼，你会怎么做？

（3）请说一说你学习这个故事的收获。

板块三　情景园：情景体验

一、小组讨论

主题：认识我自己

提问：你有过这些苦恼吗？

（1）当同学们聊得很开心时，我很想加入其中，却不知道该怎么做。

（2）有些事情我明明很努力了，却总是达不到理想的结果。

（3）在某些时刻，我总觉得自己与别人不一样。

二、总结

每个人都在用不同的方式理解这个世界，有时觉得生活无限美好，有时又觉得生活充满挑战。有时我们会觉得自己与众不同，但其实我们都一样，都希望自己变得更好。

同学们，我们都一样！让我们一起分享快乐和忧伤，一同向着阳光奋力飞翔，更美的世界就在前方！

板块四　知识链：ASD

如今学界常用 ASD（孤独症谱系障碍）这一术语指代 AD（孤独症）、AS（阿斯伯格综合征）以及 PDD-NOS（待分类的广泛性发育障碍），尽管这三个术语现在还在使用。ASD 一词是对同样受该障碍影响却有着较大差异的症状的最佳总称。ASD 的标志性症状包括：社会沟通障碍（涵盖口语与非口语沟通），社交互动障碍（培养并维系友谊的能力），局限和重复的行为、兴趣或活动模式（例如感觉挑战、异常痴迷的兴趣爱好、过分坚持常规、动作刻板）。不同个体这些症状的程度与出现的频率会有较大差异。

每个受 ASD 影响的个体都会有不同的优势与劣势，也因此各有特色。处于同一谱系的不同个体，其特征可能是截然不同的。这些特征包括但不限于社交、语言、行为、感官知觉、情绪的功能。

板块五　活动坊：课外活动

请以"爱上全部的自己"为主题创编绘本。

座位安排

讲台（屏幕）								
1	2		活动区				5	6
3	4						7	8
过道								
9	10		13	14		17	18		21	22
11	12		15	16		19	20		23	24
过道								
25	26		29	30		33	34		37	38
27	28		31	32		35	36		39	40

注：图中数字代表学生编号。

活动板书

看！我的条纹

爱上全部的自己　　我们不一样

　　　　　　　　我们都一样

设计意图

　　此次活动旨在通过小调查、小组讨论，让学生了解绘本《看！我的条纹》的主要内容，理解赞恩的行为背后的原因及其心情变化，感受妈妈对赞恩的爱和鼓励；通过情景体验、分享感受，让学生认识和理解自己和他人的特点，学会用积极的心态去悦纳自我和他人。

第 ⑰ 课　用心倾听

设计者：胡燕玲（广州市海珠区滨江东路小学）

指导者：吴小文（广州市海珠区教育发展研究院）

▶ 绘本简介

书名：我说话像河流

作者：乔丹·斯科特 / 文，西德尼·史密斯 / 图，刘清彦 / 译

出版社：北京联合出版公司

内容：

《我说话像河流》讲的是一个男孩因为患有口吃，在学校里遭到同学取笑，他不敢在老师和同学面前发言，并因此感到窘迫、孤独和无助，无法与别人正常交流。于是，父亲带男孩来到河边散步，并告诉男孩，他说话像河流。父亲引导男孩去了解河水流淌的声音和他说话的方式，男孩开始以一种全新的方式思考自己的口吃问题，意识到自己说话结巴时就像河水波涛汹涌、说话流畅时就像河面风平浪静，最终接纳了自己的全部。

▶ 活动目标

（1）了解绘本故事，理解口吃产生的原因，学习倾听时需注意的技巧。

（2）体验表达不流畅的困境，能感同身受，悦纳自我和他人，学会与口吃人士相处。

（3）建立同理心，理解、接纳和尊重口吃的朋友。

▶ 活动重点

（1）了解绘本故事，理解口吃产生的原因，学习倾听时需注意的技巧。

（2）体验表达不流畅的困境，能感同身受，悦纳自我和他人，学会与口吃人士相处。

▶ 活动难点

（1）建立同理心，理解、接纳和尊重口吃的朋友。

（2）体验表达不流畅的困境，能感同身受，悦纳自我和他人，学会与口吃人士相处。

▶ 活动准备

（1）绘本《我说话像河流》若干本。

（2）本次活动的课件。

（3）本次活动的学习手册。

（4）学生课前搜集患有口吃的中外名人资料。

▶ 活动过程

板块一 **话题导入，引出主题**

一、小调查

你是否有过说话不流畅的时候？你当时的心情是怎样的？

二、揭示主题

引言

今天我们来学习一个绘本故事——《我说话像河流》。故事主人公在说话方面遇到了哪些困难？他是怎样克服的呢？下面让我们一起走进这个故事。

板块二 **倾听河流，了解特点**

一、体验场

（1）听读绘本故事，聚焦故事内容，梳理情节线索。

（2）了解绘本故事的主要内容。

①故事中的男孩有什么特点？他遇到了哪些困难？他是怎样克服的？

②男孩的情况与河流有哪些相似之处？（连线题）

河流	翻滚回旋
	平静顺畅
男孩	说话结巴
	说话平顺流畅

二、采访车

1. 小组讨论

提问：你在什么情况下会表达不流畅？

教师引导学生了解表达不流畅的原因。例如：器质性损伤导致的言语节律失调；在陌生的环境，在重要的人面前；感到紧张、压力大的时候。

2. 互动交流

提问：你现在心情怎样？当你表达不流畅时，你渴望得到什么样的帮助？

3. 情景创设

（1）小锦囊。

【锦囊 1】作为倾听者，你认为以下行为哪些是正确的？

A. 捂着嘴巴笑

B. 关注对方说话内容而不是表达方式

C. 保持眼神交流，耐心等待对方把话说完

D. 帮对方把话说完

E. 让对方不要着急，做深呼吸后再想一想自己要讲的话

【锦囊 2】我们可以尝试做哪些语言训练？

适时停顿、延长说话时间、柔和起音或吟唱。

（2）小组交流。

提问：故事中的男孩打算转学来我们班，请结合以上小锦囊，选择其中一个场景说说你打算怎样帮助他。

【场景 1】在课堂上发言

【场景 2】日常交往

【场景 3】布置融合教室环境

（3）小组汇报。

板块三 拓展学习，关爱他人

一、知识链

（1）了解患有口吃的中外名人。

①交流自己所知的患有口吃的中外名人。

②谈谈收获。

（2）了解科技的辅助作用。

二、留言板

（1）请写下你想对男孩或自己说的话，勉励他人或自己吧！

（2）总结：在我们身边，会出现各种各样与我们存在差异的朋友，我们要学会尊重、帮助和全身心接纳他们，让爱的种子开花结果，与他们一起走向最好的未来。

三、观影与合唱

观看区域融合运动会视频，合唱《最好的未来》。

四、推荐电影

《嗝嗝老师》

座位安排

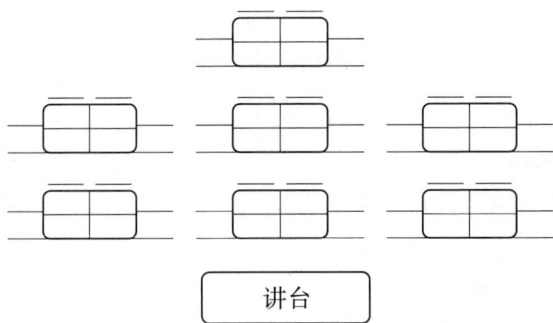

讲台

活动板书

我说话像河流

用心倾听

（贴心形留言条）

尊重　理解　帮助　珍惜　　　（阶梯式上升）

设计意图

　　此次活动从课前小调查导入，再引入绘本《我说话像河流》，让学生通过倾听音频，感受说话与流水的相似之处；又让同桌相互采访交流，体会口吃患者的心路历程，再设置情境，让学生讨论如何帮助口吃患者，分别从他人、科技和自己三个角度去思考，充分表达自己的感受，并分享古今中外口吃患者的成功事例；最后在观看融合体育视频中合唱《最好的未来》。本活动旨在让学生明白在每个人身边都会出现各种各样与自己存在差异的朋友，要学会尊重、帮助和全身心接纳他们，与他们相互学习，共同进步，让爱的种子开花结果。

第18课　砥砺前行，不负韶华

设计者：区丽华（广州市海珠区东风小学）

指导者：吴小文（广州市海珠区教育发展研究院）

▶ 绘本简介

书名：海伦的大世界：海伦·凯勒的一生

作者：多琳·拉帕波特／文，马特·塔瓦雷斯／图，徐德荣／译

出版社：北京联合出版公司

内容：

《海伦的大世界：海伦·凯勒的一生》讲述了海伦·凯勒如何克服失聪、失明、失语的障碍，成就丰富多彩的一生。这个故事具有极大的教育意义——让孩子以健康的心态接受不一样的人、事、物，这是一个重要的教育课题。

▶ 活动目标

（1）认真阅读绘本，了解故事内容。

（2）小组合作学习，能围绕故事情节展开讨论，清晰地表达自己的想法。

（3）懂得每个人都是不完美的，要悦纳他人和自我。

▶ 活动重点

（1）小组合作学习，能围绕故事情节展开讨论，清晰地表达自己的想法。

（2）懂得每个人都是不完美的，要悦纳他人和自我。

▶ 活动难点

（1）小组合作学习，能围绕故事情节展开讨论，清晰地表达自己的想法。

（2）懂得每个人都是不完美的，要悦纳他人和自我。

▶ 活动准备

（1）绘本《海伦的大世界：海伦·凯勒的一生》若干本。

（2）本次活动的课件。

（3）本次活动的学习手册。

▶ 活动过程

板块一　情景园

引言

在学习与生活中，我们会遇到与自己不一样的人，你会愿意花时间了解他们，与他们交朋友吗？今天我们就来认识一位传奇人物，她突破了身体极限，改写了命运。

突如其来的疾病让两岁的她失明、失聪、失语，但她在安妮老师的帮助下，以超凡的意志和不懈的努力，学会了读写，学会了说话，上了大学，爱上写作，四处演讲，周游世界，并荣获代表美国最高荣誉的总统自由勋章！她就是——海伦·凯勒。

板块二　静思角

一、话题导入

（1）海伦·凯勒用什么方式改变了自己的生活？请说说你对这个故事结局的看法。

（2）在这个故事中，你最欣赏谁？为什么？

（3）生活中，假如你遇到像海伦·凯勒这样的人，你会怎样对待他们？

（4）假如你像海伦·凯勒一样患有多重障碍，你更希望别人怎么对待你？

二、总结

每个人生下来都不是完美的，在成长的过程中也难免会受伤害，重要的是要有良好的心态。通过这节课的学习，希望你们懂得接纳不完美的自己，也懂得尊重并关心与自己不同的人。

板块三 知识链

一、海伦·凯勒简介

海伦·凯勒（Helen Keller，1880—1968），美国现代女作家、教育家、社会活动家。1880年6月，在亚拉巴马州塔斯喀姆比亚市常春藤巷出生。1882年2月，因突发疾病猩红热丧失视觉和听觉。1887年3月，开始学习美式手语。1888年5月，受到格罗弗·克利夫兰总统的接见。1894年10月，开始就读于赖特－赫马森聋人学校。1896年10月，被剑桥女子学校录取，为就读哈佛大学女子学院做准备。1903年3月，创作自传《我的一生》。1908年7月，出版文集《我感知的神奇世界》。1909年春，加入马萨诸塞州社会党。1918年1月，出版文集《走出黑暗》。1927年10月，出版自传《我的信仰》。1929年春，出版自传《中流》。1932年12月，加入美国盲人基金会理事会。1933年，发表散文《假如给我三天光明》。1938年春，出版自传《海伦·凯勒日记》。1955年12月，出版传记《我的老师》。1964年9月，获得总统自由勋章。1968年6月去世。

二、多重障碍儿童教育教学模式

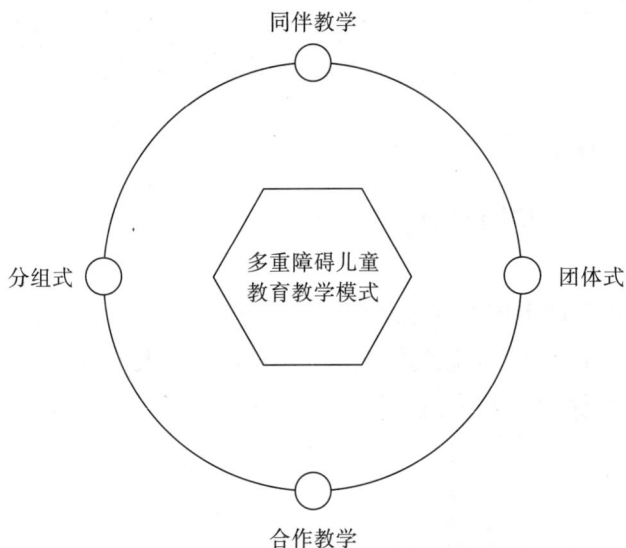

同伴教学

分组式

多重障碍儿童
教育教学模式

团体式

合作教学

多重障碍儿童教育教学模式示意图

上图以"多重障碍儿童教育教学模式"为核心，展示了与之相关的不同教学方法和策略。在多重障碍儿童教育教学中，"同伴教学"是一种重要的教学策略，可以促进儿童之间的互动和学习，帮助他们建立友谊和互助关系，同时也有助于提高他们的社交技能和学习能力。此外，"分组式""团体式""合作教学"也是针对多重障碍儿童设计的教学方法，旨在通过不同的组织方式来提高教学效果。

三、思考

如果你所在班级有多重障碍学生，你会做哪些事情帮助他们？

板块四 采访车

提问：这个故事还给你带来了哪些收获呢？

板块五 体验场

一、话题导入

林林是一个三年级小朋友，他爱好体育，每次跳绳都能拿全班第一，他还是一个智力障碍儿童，这次数学单元测试，他没有及格。林林现在来到了你的小组，你会对他说什么呢？

二、小组交流

结合话题交流想法。

三、小组汇报

学生以小组为单位进行汇报。

板块六 活动坊

写作主题：致 _____ 的一封信
可以写给海伦·凯勒，可以写给其他人，也可以写给自己。

写作要求：相信同学们还有很多话想说，你最想跟谁说呢？请写明你想对谁说，说什么，并配上插图。老师非常期待你的作品！

结语

同学们,通过一系列绘本学习,我们了解了很多特殊需要群体,他们就在我们身边,需要我们的理解、包容甚至帮助。换一个角度看,每个人都是不一样的个体,有很多与众不同的地方,这些不同之处可能成为我们的骄傲,也可能让我们沮丧甚至不自信。

通过今天的学习,老师希望你们懂得,差异永远存在,只有正视各种差异,尊重差异的存在,你们才会变得更勇敢,这个世界也将因此变得更加异彩纷呈。

座位安排

讲台(屏幕)								
1	2		活动区				5	6
3	4						7	8
过道								
9	10		13	14		17	18	21	22
11	12		15	16		19	20	23	24
过道								
25	26		29	30		33	34	37	38
27	28		31	32		35	36	39	40

注:图中数字代表学生编号。

活动板书

海伦的大世界:海伦·凯勒的一生

接纳全部的自己　　我们不一样

我们都一样

设计意图

　　此次活动旨在通过情景园、小组讨论等方式，引导学生了解绘本《海伦的大世界：海伦·凯勒的一生》的主要内容；让学生通过情境体验、亲身感受，去认识和理解自己和他人的不完美，学会用积极的心态去悦纳自我和他人；通过理解故事，让学生认识到：海伦·凯勒留给我们的真正财富在于，如何充分利用自己所拥有的最大天赋——头脑，努力去理解这个世界，让生活变得更加美好。

后 记

心心相"融"，"育"见美好

随着"融乐绘"特殊教育宣导课程的圆满落幕，我的心中涌动着满满的感动与深刻的感悟。回望这段不凡的旅程，从最初的理想萌芽，到团队的精心组建，再到深入校园的宣导实践，每一步都镌刻着我们的智慧与汗水，凝聚着我们对特殊教育的深刻领悟。今日，当我轻轻合上这本满载智慧与希望的书，我深知，这既是"融乐绘"课程构建的里程碑，更是特殊教育崭新征途的启航点。

在这一路上，我们见证了太多温馨而动人的瞬间：老师们在课堂上深情讲述特殊需要学生的成长点滴，那些"电梯日记"中的温情与"特别爱好"中的纯真，让我们动容；有一年级家长在参加"乐课程"首场活动后，满怀感激地奔向校长室；特殊需要学生的家长自发地将我们开发的课程带入孩子所在班级，传递融合的温度；学生在"绘课程"学习中，积极地为无障碍环境建设贡献奇思妙想；普通学生在课后向老师提议，希望能与特殊需要同学同桌共学……这一幕幕，见证了我们成人与孩子逐渐学会尊重差异、拥抱多元、乐于支持的成长轨迹，也深刻体现了融合教育的美好与力量。

"融乐绘"课程的成功构建，让我深切体会到课程领导力对于区域教研员的重要性。作为区域教研员，我们需具备引领课程发展的能力，包括将国家课程本土化、校本化实施，研发与实施区域特色课程，指导校本课程的开发与完善，这要求我们拥有课程思想力、设计力、执行力与评价力。通过"融乐绘"课程建设，我与团队成员深入学习了课程与教学论的相关知识，掌握了课程研发与实施的核心技术，实现了专业成长与蜕变。

在进行课程研发的同时，我始终重视教师队伍的培养。朱江老师在融合体育领域深耕，薛伟文老师在融合语文方面探索，他们结合学科优势与学生需求，成功立项广东省特殊教育第四、五批精品课程，引领更多学校与老师投身

"'CGP'融合体育游戏课程""阅读障碍学生阅读流畅性训练课程"的研发，这是我深感自豪与欣慰的。独行快，众行远，我们在协同中传承，在传承中创新。我始终不忘教研员培养教师的天职，助力教师实现专业成长最大化。

回望过去的十年，海珠区在特殊教育领域取得了显著成效。我们致力于打造海珠融合教育新生态，通过"融乐绘"课程，将理论与实践深度融合，为特殊需要儿童与普通儿童构建了更加多元、包容的教育环境。在此过程中，我们得到了省、市、区教育部门的悉心指导与大力支持，更收获了广大教师、家长与学生的积极参与和宝贵反馈，这是我们不断完善课程的重要源泉。

在此，我要向所有参与"融乐绘"课程构建与实施的同人表示最诚挚的感谢！特别感谢唐丽娟副校长、黄冬红主任、李海敏主任、石莉老师、张爱芬老师、钟梦容老师、吴慧老师在微课录制期间的主动担当与鼎力支持，感谢八所实验学校可爱的少先队员们精心录制的 18 个绘本视频，你们的付出让这门课程更加生动、更具魅力。同时，也要感谢家长们的理解与支持，以及孩子们的积极参与，正是大家的共同努力，让海珠区校园内平等、尊重、理解、接纳、包容、有爱无碍的融合教育文化蔚然成风。

展望未来，"融乐绘"特殊教育宣导课程将继续发挥其省级精品课程的引领作用，推动海珠区乃至更广泛地区的融合教育发展。我们将持续关注融合环境中学生、家长与教师的成长需求，不断优化课程内容与教学方法，提供更加优质的教育服务。同时，我也期待微信公众号"吴小文的特教融合研究室"能够成为大家交流学习、资源共享的桥梁，我们将定期发布微课、课件、活动手册等资源，与大家共享特殊教育的最新成果与实践经验。

让我们携手并肩，为"特殊教育优质普惠融合发展"贡献更多力量与智慧，让"融乐绘"的光芒照亮更多学生、家长与教师的成长之路，让每一个人都能在爱与包容的环境中自信成长，成为最好的自己！

微信公众号"吴小文的特教融合研究室"

吴小文

2024 年 12 月 12 日